Vender como un héroe: despierte su coraje y supere los retos de las ventas

I0422813

PRESENTACIÓN

Comparto con gran entusiasmo mi pasión por los arquetipos, y más concretamente por el uso de arquetipos en las narrativas de ventas. Este libro, en particular, que hará hincapié en el arquetipo del héroe, titulado **Vender como un héroe: despierte su coraje y supere los retos de las ventas**, ha sido cuidadosamente desarrollado para proporcionarle conocimientos prácticos y procesables que impulsarán sus ventas y sus resultados.

Como autor de este libro, he dedicado mi carrera a la misión de humanizar a las empresas y ayudarlas a crear una presencia auténtica y significativa en el mercado. Mi formación como profesor de doctorado en la Universidad del Sur de Santa Catarina, combinada con mi experiencia como estratega en la Agencia SCONTIME y en el Grupo Catarinense de Radio, me ha dado la oportunidad de explorar el potencial de las narrativas, los arquetipos y herramientas mágicas como la inteligencia artificial.

Creo profundamente en el poder transformador de las narrativas y en su capacidad para atraer y encantar al público objetivo. Como investigadora, centré mi doctorado en Ciencias del Lenguaje en el estudio de las narrativas de ventas mediante disparadores mentales y convergencia digital, mientras que mi máster exploró la conexión entre la narración y el imaginario social. Además, comencé mi trayectoria académica estudiando la licenciatura en Comunicación Social, con especialización en Periodismo, también en la Universidad del Sur de Santa Catarina.

Periodista de formación, creo que el verdadero poder de un libro reside en su capacidad de convertirse en una herramienta de transformación. Prepárese para liberar todo su potencial y lograr resultados extraordinarios. Siempre que sea necesario, me referiré a obras de campos muy diversos.

En el libro The Hero and the Outlaw: How to Build Extraordinary Brands Using the Power of Archetypes, por ejemplo, las autoras Margaret Mark y Carol Pearson dan en el clavo al establecer un mapa para gestionar el significado de las marcas. Cuando leí esta obra para mi tesis doctoral, aprendí muchas cosas, una de ellas de la siguiente frase: "En tiempos cada vez más espirituales, el valor y la perseverancia del héroe pueden promoverse como factores necesarios para la realización espiritual".

Me pregunté si esta espiritualidad podría ser la propia potencia humana y, por tanto, ¿podría el arquetipo dirigido a la activación dar forma a nuevos héroes? Iré más lejos. Mi tesis analizaba los arquetipos en las ventas. ¿Podría activarse el arquetipo del héroe en los vendedores y hacer que vendieran como héroes? Puede que ahora te estés preguntando si la respuesta está aquí, en este libro. Quizá por eso lo compró. Después de todo, el título hace esa provocación. Pero me gustaría dejar claro que la respuesta está en usted. Eres tú, el vendedor, quien activará al héroe. Mi papel con este libro será mostrarte el mapa para este viaje.

Será en el día a día del mundo de las ventas donde se revelará un camino brillante para aquellos que se atrevan a recorrerlo con valentía y determinación. Este camino, que voy a llamar "El camino del héroe de las ventas", es un viaje apasionante que invita a cada vendedor a convertirse en protagonista en su búsqueda del éxito. Espero que me acompañes hasta el final y que seas capaz de decirme si lo has conseguido.

Cuenta conmigo en este viaje de descubrimiento y crecimiento. ¡Hagamos realidad tu visión y alcancemos el éxito que te mereces!

Con entusiasmo,

Tu mentor en este viaje,

Reginaldo Osnildo, PhD.

EL CAMINO Y LOS ATRIBUTOS DEL HÉROE DE LAS VENTAS

En las profundidades del mundo de las ventas, un camino luminoso se revela a quienes se atreven a recorrerlo con valentía y determinación. Este camino es un viaje apasionante que invita a cada vendedor a convertirse en un verdadero protagonista en su búsqueda del éxito.

Al igual que en los cuentos épicos que han inspirado a generaciones, el viaje del héroe en las ventas está lleno de retos y obstáculos que ponen a prueba el valor, la resistencia y la capacidad de superación de los vendedores. Cada vendedor que emprende este viaje debe enfrentarse a sus propios dragones internos: el miedo al fracaso, la incertidumbre ante la adversidad y las dudas que intentan minar su confianza.

Sin embargo, el verdadero héroe de las ventas encuentra la fuerza en su propósito y en su pasión por ofrecer soluciones que transformen la vida de los clientes. Comprenden que su misión va más allá de las meras transacciones comerciales; se trata de crear conexiones auténticas, satisfacer necesidades y arrancar sonrisas de satisfacción a cada cliente al que atienden.

Pero el camino del héroe de las ventas no consiste sólo en una búsqueda altruista por el bien de los clientes, sino también en una búsqueda de autodescubrimiento y mejora constante. El héroe de las ventas debe dominar sus habilidades de comunicación, el arte de la persuasión y el conocimiento profundo de su producto o servicio. Debe estar preparado para adaptarse a los cambios del mercado y aprender de sus experiencias, buscando el crecimiento y la mejora en cada interacción.

La sabiduría es un aliado indispensable para el héroe de las ventas. Comprenden que, al igual que la trayectoria de los grandes líderes y mentores, su viaje está marcado por el aprendizaje y la enseñanza. El héroe de ventas está abierto al conocimiento, busca ideas valiosas y comparte sus experiencias con sus compañeros de equipo para que todos puedan prosperar juntos.

A lo largo del camino del héroe de las ventas, la resiliencia se revela como una virtud esencial. Las caídas y los obstáculos forman parte del viaje, pero el verdadero héroe se levanta con fuerzas renovadas después de cada revés. Sabe que es en las dificultades donde se aprenden las mayores lecciones, y con esta convicción persiste en su misión.

El entusiasmo y la pasión son la llama que impulsa al héroe de las ventas a ir más allá de sus propios límites. Contagia a sus clientes y colegas de energía positiva, haciendo que cada interacción no sea una mera transacción, sino una experiencia memorable y enriquecedora para ambas partes.

El camino del héroe de las ventas es un viaje de autodescubrimiento, transformación y crecimiento continuo. Nos recuerda que, a pesar de los retos, cada vendedor tiene dentro de sí el potencial para ser un héroe de las ventas y, con valentía, puede lograr resultados extraordinarios.

Al embarcarse en este viaje, este libro se convierte en una valiosa brújula que le guiará a usted, el vendedor, hacia el pináculo de sus habilidades, proporcionándole ideas y estrategias que le ayudarán a destacar en su carrera. Recuerde, usted es el protagonista de esta narración y el éxito en las ventas le espera al final del viaje del héroe.

No creas que estamos hablando aquí de superhéroes de películas o cómics. Hay toda una teoría narrativa y antropológica detrás de las narrativas de héroes. El mitólogo Joseph Campbell escribió el libro El héroe de las mil caras, que trata de los héroes cotidianos. En el contexto de su investigación, los héroes cotidianos estaban presentes en narraciones míticas repartidas por todos los continentes. Identificó un patrón común en estas narraciones, sólo cambiaban las caras. El objetivo era el mismo: aceptar el reto, enfrentarse a él y volver victorioso.

En el corazón de todo gran vendedor hay un héroe en potencia tan fuerte como los que dieron vida a los antiguos mitos, cuyos extraordinarios atributos y habilidades son la clave para ganarse el corazón y la mente de los clientes. Al igual que los protagonistas de las leyendas, el héroe de las ventas está dotado de cualidades notables que lo distinguen y le permiten afrontar los retos con intrepidez y lograr resultados excepcionales.

Coraje inquebrantable: el primer y más notable atributo del héroe de ventas es su valor inquebrantable. Afronta cada jornada de ventas como una aventura, sin miedo a lo desconocido ni a las posibles dificultades. El coraje del héroe de ventas le impulsa a acercarse a los clientes potenciales con confianza, a superar las objeciones con determinación y a afrontar los obstáculos con valentía. Entiende que el coraje es la fuerza motriz que le guía hacia el éxito, permitiéndole ir más allá de los límites de lo ordinario y convertir cada reto en una oportunidad de crecimiento.

Empatía y compasión: el héroe de las ventas es un verdadero maestro en el arte de la empatía y la compasión. Se pone realmente en el lugar del cliente, tratando de comprender sus necesidades, deseos y preocupaciones. Esta capacidad de conectar emocionalmente permite al héroe de las ventas construir relaciones auténticas y significativas, convirtiendo cada interacción en una experiencia humana, no en una simple transacción comercial.

Persuasión sutil y ética: a diferencia del antihéroe, que busca manipular y engañar para conseguir sus objetivos, el héroe de ventas utiliza la persuasión sutil y ética como arma secreta. Utiliza argumentos bien fundados, pruebas sólidas e historias inspiradoras para cautivar la mente de sus clientes. El héroe de las ventas entiende que la persuasión ética se basa en la confianza mutua y la transparencia, creando vínculos duraderos con los clientes.

Conocimientos profundos y actualizados: el héroe de las ventas es un estudioso incansable de su oficio. Invierte tiempo y dedicación en profundizar sus conocimientos sobre el producto o servicio que ofrece, así como sobre el mercado y las tendencias pertinentes. Este conocimiento exhaustivo y actualizado es la base para ofrecer soluciones personalizadas y respuestas precisas a las necesidades del cliente, demostrando autoridad y credibilidad en sus interacciones.

Persistencia y resistencia: el camino del héroe de ventas no está exento de retos y adversidades. Sin embargo, su espíritu está marcado por la persistencia y la resistencia. El héroe de ventas aprende de los fracasos, se levanta después de cada caída y sigue centrado en sus objetivos. Su resiliencia les impulsa a seguir adelante incluso ante el rechazo, convirtiendo cada obstáculo en una oportunidad para crecer y mejorar sus habilidades.

Humildad y voluntad de aprender: aunque está dotado de habilidades extraordinarias, el héroe de las ventas es humilde y reconoce que siempre hay algo nuevo que aprender. Está abierto a recibir comentarios, busca mentores y colegas con los que compartir experiencias y está dispuesto a mejorar constantemente sus habilidades. Su incesante búsqueda de crecimiento y aprendizaje es lo que le convierte en un héroe de ventas aún más poderoso.

El héroe de ventas no es un ser mitológico ni una creación fantasiosa; es una figura real e inspiradora que reside dentro de cada vendedor. Despertar el héroe de ventas que hay en ti es un acto de autodescubrimiento y autotransformación. Al adoptar y cultivar estos atributos, usted, el vendedor, estará preparado para conquistar el mercado, afrontar las batallas de ventas con valentía y lograr resultados que superen las expectativas. Conviértase en el héroe de su propia historia de ventas y deje su huella como vendedor excepcional. Aventúrate, descubre tu poder, conquista el mercado y ¡conviértete en un auténtico héroe de las ventas!

El coraje interior para afrontar los retos

En nuestro viaje como vendedores, nos enfrentamos constantemente a situaciones que ponen a prueba nuestro coraje y determinación. Desde el acercamiento inicial a un cliente potencial hasta enfrentarse a objeciones difíciles, el camino de las ventas está sembrado de obstáculos que pueden despertar nuestros miedos e inseguridades. Sin embargo, es en estos momentos desafiantes cuando tenemos la oportunidad de descubrir y alimentar nuestro coraje interior, convirtiéndonos en verdaderos héroes de nuestras propias ventas.

Reconocer nuestros miedos: el primer paso para descubrir el coraje interior es reconocer y aceptar nuestros miedos. Todos nos enfrentamos a momentos de duda y miedo, y esto es perfectamente normal. Identificar nuestros miedos nos permite comprender mejor su origen y encontrar así la manera de afrontarlos eficazmente. Enfréntese a sus miedos, porque es enfrentándose a ellos como empezamos a construir nuestro coraje.

Convertir el miedo en un reto: en lugar de ver el miedo como una amenaza, deberíamos verlo como un reto que hay que superar. El valor no es la ausencia de miedo, sino la voluntad de seguir adelante incluso frente a él. Convierte tus miedos en retos estimulantes y ve cada dificultad como una oportunidad para crecer y hacerte más fuerte.

Establecer objetivos realistas: establecer objetivos realistas y alcanzables es fundamental para cultivar el coraje interior. Divida sus retos en etapas más pequeñas y manejables, estableciendo objetivos claros y alcanzables para cada fase. A medida que consigas estas pequeñas victorias, tu confianza crecerá y tu coraje se fortalecerá para afrontar retos mayores.

Aprender de la experiencia: cada reto al que nos enfrentamos en ventas es una oportunidad para aprender y evolucionar. Independientemente del resultado, considere cada experiencia como una valiosa lección. Identifica los puntos en los que tuviste éxito y los aspectos que puedes mejorar. Al aprender de cada experiencia, te vuelves más resistente y capaz de afrontar futuros retos con más confianza.

Buscar apoyo y orientación: no tengas miedo de buscar apoyo y orientación cuando sea necesario. Compartir tus experiencias con compañeros de equipo o mentores puede proporcionarte una visión externa que te ayude a superar los retos con mayor eficacia. Además, intercambiar conocimientos y experiencias con otros vendedores puede ser una poderosa fuente de inspiración y ánimo.

Practicar el autocuidado: el valor interior también se alimenta del autocuidado. Cuidarse emocional, física y mentalmente es esencial para afrontar los retos con claridad y resistencia. Dedique tiempo al descanso, el ejercicio físico, las prácticas de relajación y el tiempo libre. Un vendedor que se siente bien consigo mismo estará mejor preparado para afrontar los retos de la vida cotidiana.

Visualizar el éxito: la visualización es una herramienta poderosa para despertar el coraje interior. Antes de enfrentarte a un reto, tómate un momento para visualizarte triunfando, alcanzando tus objetivos y superando las dificultades. La visualización positiva puede reforzar tu determinación y motivarte para actuar con confianza.

Descubrir el coraje interior para afrontar los retos es un viaje continuo y desafiante, pero es lo que nos convierte en verdaderos héroes de nuestras ventas. Cultivar este coraje nos permite superar nuestros propios límites, lograr resultados extraordinarios e inspirar no sólo a nosotros mismos, sino también a nuestros clientes y compañeros de equipo. Recuerda: el valor no es un don innato, sino una habilidad que puede desarrollarse y perfeccionarse. Emprenda este viaje de autodescubrimiento, enfréntese a sus retos con valentía y conviértase en el héroe de su propia historia de ventas.

Las habilidades esenciales para triunfar en las ventas

En ventas, la diferencia entre un vendedor normal y un auténtico campeón radica en las habilidades que desarrolla y mejora constantemente a lo largo de su carrera. Para alcanzar el éxito y destacar en el competitivo mundo de las ventas, es esencial invertir en la formación de un amplio conjunto de habilidades que vayan más allá del conocimiento del producto o servicio. En este capítulo, exploraremos algunas de las habilidades esenciales que todo vendedor debe desarrollar para convertirse en un auténtico héroe de las ventas.

Habilidades de comunicación eficaz: la capacidad de comunicarse de forma clara, asertiva y persuasiva es la base de todo vendedor de éxito. Dominar el arte de la comunicación permite establecer una conexión auténtica con los clientes, transmitir el mensaje de forma convincente y comprender las necesidades y deseos del público objetivo. Escuchar atentamente y saber hacer las preguntas adecuadas son también partes esenciales de esta habilidad, ya que demuestran un interés genuino por los clientes y ayudan a identificar oportunidades de venta.

Empatía e inteligencia emocional: desarrollar la empatía y la inteligencia emocional es crucial para convertirse en un vendedor excepcional. Estas habilidades permiten comprender las emociones y perspectivas de los clientes, adaptándose a sus necesidades específicas y mostrando verdadera preocupación por ayudarles. La empatía también es clave para gestionar objeciones y resolver conflictos con sensibilidad y respeto.

Negociación y persuasión: ser un buen negociador es una de las habilidades más valiosas para cualquier vendedor. La capacidad de negociar con habilidad permite llegar a acuerdos ventajosos para ambas partes, creando un escenario de negociación en el que todos salen ganando. Saber persuadir a los clientes de forma ética y convincente es igualmente importante, utilizando argumentos sólidos y beneficios claros para despertar su interés y confianza.

Gestión del tiempo y organización: en un entorno de ventas dinámico y acelerado, la gestión del tiempo y la organización son habilidades esenciales para maximizar la productividad. Establecer prioridades, crear una rutina eficiente y utilizar herramientas de productividad ayudan a optimizar el tiempo y garantizan que las actividades más importantes se lleven a cabo en el momento adecuado.

Resolución creativa de problemas: los retos forman parte del día a día de un vendedor, y la capacidad de resolver problemas de forma creativa y eficaz es crucial para superarlos. Desarrolle una mentalidad orientada a las soluciones, buscando alternativas innovadoras y enfoques diferentes para afrontar los retos que se le presenten.

Confianza en uno mismo y resiliencia: la confianza en uno mismo se basa en un profundo conocimiento de tu producto o servicio, así como en tus habilidades de venta. Creer en ti mismo es fundamental para afrontar los rechazos y los retos con resiliencia, ya que entenderás que cada obstáculo es una oportunidad para aprender y crecer.

Establecer relaciones duraderas: una de las habilidades más valiosas para un vendedor es la capacidad de establecer y mantener relaciones duraderas con los clientes. Crear vínculos genuinos basados en la confianza es la clave para fidelizar y hacer crecer tu red de clientes.

Aprendizaje continuo: por último, los vendedores de éxito reconocen que el aprendizaje es un proceso continuo y siempre buscan mejorar sus habilidades y conocimientos. Mantente al día de las tendencias del mercado, las nuevas técnicas de venta y el desarrollo personal para seguir siendo competitivo y estar preparado para afrontar los retos del futuro.

Desarrollar estas habilidades esenciales es lo que convierte a un vendedor en un auténtico héroe de las ventas. El compromiso de invertir en la mejora continua de tus habilidades te hará destacar, conquistar el mercado y conseguir resultados extraordinarios. Sé el protagonista de tu propio viaje de ventas, domina estas habilidades y escribe tu historia de éxito como un auténtico héroe de las ventas.

EL PODER DE LA MENTALIDAD HEROICA

La mentalidad heroica es la llave que abre la puerta al éxito en las ventas y nos empuja más allá de los límites de lo ordinario. Esta poderosa mentalidad es lo que separa a los vendedores normales de los verdaderos campeones, permitiendo a estos últimos enfrentarse a los retos con valentía, determinación y resistencia. En este capítulo, exploraremos el poder transformador de la mentalidad heroica y cómo cultivarla para convertirse en un vendedor excepcional.

Visión más allá del horizonte: la mentalidad heroica nos permite ver más allá del horizonte y soñar a lo grande. Nos inspira para fijar objetivos ambiciosos y creer que somos capaces de alcanzarlos. El héroe de las ventas no se ve limitado por las circunstancias actuales; le impulsa una visión clara e inspiradora de lo que puede conseguir en el futuro.

Superar las limitaciones: uno de los rasgos distintivos de la mentalidad heroica es la capacidad de superar las limitaciones, ya sean internas o externas. El héroe de ventas no se deja abatir por fracasos anteriores o creencias limitantes. Cree en su potencial y está dispuesto a trabajar duro para alcanzar el éxito, incluso ante retos aparentemente insuperables.

Aceptación de los retos: el héroe de las ventas no huye de los retos; los acepta de todo corazón. La mentalidad heroica nos enseña a ver los retos como oportunidades de crecimiento y aprendizaje. Cada obstáculo se ve como una prueba de nuestro coraje y determinación, y es a través de estos retos como nos hacemos más fuertes y estamos más preparados para afrontar lo que nos depare el futuro.

Resistencia inquebrantable: la resistencia es una característica inherente a la mentalidad heroica. El vendedor heroico entiende que los altibajos forman parte del viaje de las ventas y que hay que persistir incluso ante la adversidad. Se levantan después de cada caída, aprenden de sus experiencias y siguen adelante con una determinación inquebrantable.

Centrarse en el autodesarrollo: la mentalidad de héroe nos motiva a buscar constantemente el autodesarrollo. El héroe de ventas siempre busca mejorar sus habilidades, adquirir nuevos conocimientos y crecer tanto personal como profesionalmente. Entienden que para lograr resultados extraordinarios, necesitan estar en constante evolución.

Responsabilidad y proactividad: el héroe de las ventas asume la responsabilidad de sus acciones y resultados. No espera circunstancias favorables ni soluciones prefabricadas, sino que toma la iniciativa y busca activamente formas de superar los retos y alcanzar sus objetivos. La mentalidad heroica nos enseña que somos los creadores de nuestra propia historia y que tenemos el poder de influir positivamente en el curso de nuestras ventas.

Gratitud y humildad: a pesar de su determinación y ambición, el héroe de las ventas mantiene la gratitud y la humildad en su corazón. Reconoce la importancia de las conexiones humanas, valora a cada cliente y compañero de equipo y muestra aprecio por las oportunidades que le brindan la vida y la carrera de ventas.

Inspirar a los demás hacia el éxito: la mentalidad heroica no es egoísta; inspira y motiva a los demás hacia el éxito. El héroe de las ventas trata de compartir sus conocimientos y experiencia con sus compañeros de equipo, permitiéndoles alcanzar también resultados extraordinarios. Entienden que su éxito se magnifica cuando ayudan a otros en el camino hacia el éxito.

Cultivar la mentalidad heroica es un proceso continuo que requiere autodisciplina y determinación. Al adoptar esta mentalidad, te conviertes en el protagonista de tu propio viaje de ventas, afrontando los retos con valentía, buscando el crecimiento constante e inspirando a otros hacia el éxito. Recuerda: la mentalidad heroica no es exclusiva de unos pocos privilegiados, sino que está al alcance de todo vendedor que esté dispuesto a abrazar su coraje interior y convertirse en un auténtico héroe de las ventas.

La mentalidad ganadora para alcanzar objetivos audaces

Una mentalidad ganadora es un factor determinante para el éxito en las ventas y para alcanzar objetivos audaces. Es la creencia inquebrantable de que es posible superar los retos, lograr resultados extraordinarios y destacar como un vendedor excepcional. En este capítulo, exploraremos cómo adoptar una mentalidad ganadora y cómo puede impulsarte a nuevas cotas de éxito en tu carrera de ventas.

Creer en la posibilidad del éxito: la base de una mentalidad ganadora es una creencia inquebrantable en la posibilidad del éxito. Un vendedor con una mentalidad ganadora cree que es capaz de alcanzar sus objetivos, aunque parezcan difíciles o lejanos. Esta creencia refuerza su determinación y le impulsa a perseverar incluso ante los obstáculos.

Establecer objetivos audaces: la mentalidad ganadora nos inspira a establecer objetivos audaces e inspiradores. El vendedor con esta mentalidad entiende que los objetivos audaces requieren esfuerzos extraordinarios, pero también conllevan recompensas excepcionales. No temen soñar a lo grande y elaborar un plan detallado para alcanzar sus aspiraciones más audaces.

Convertir los obstáculos en oportunidades: mientras que algunos pueden ver los obstáculos como barreras insuperables, el vendedor con mentalidad ganadora los ve como oportunidades para crecer y sobresalir. Aprenden de cada reto, utilizan las experiencias pasadas como base para nuevas estrategias y siguen siendo resilientes incluso ante la adversidad.

Ver el fracaso como aprendizaje: la mentalidad ganadora permite a los vendedores ver el fracaso como una oportunidad de aprendizaje. En lugar de desanimarse por los rechazos o los resultados insatisfactorios, analizan sus acciones, identifican puntos de mejora y convierten cada experiencia en un trampolín para el éxito futuro.

Persistencia y determinación: el vendedor con mentalidad ganadora tiene una determinación inquebrantable. No se rinde ante los primeros signos de dificultad; al contrario, persiste con valentía y optimismo. Su resiliencia se alimenta de una visión clara de sus objetivos y de la convicción de que cada esfuerzo cuenta para alcanzarlos.

Centrarse en las soluciones, no en los problemas: mientras que algunos se centran en los problemas, el vendedor con mentalidad ganadora se centra en las soluciones. Buscan enfoques creativos y proactivos para afrontar los retos y encontrar oportunidades de crecimiento. Esta mentalidad orientada a las soluciones le hace más eficaz y productivo en su carrera de ventas.

Confianza en uno mismo y autoestima positiva: creer en uno mismo y cultivar una autoestima positiva son pilares de la mentalidad ganadora. Los vendedores con esta mentalidad reconocen sus capacidades, valoran sus logros y mantienen la confianza en sí mismos incluso en momentos de incertidumbre.

Búsqueda del desarrollo continuo: la mentalidad ganadora nos impulsa a buscar el desarrollo continuo y la mejora de nuestras habilidades. Los vendedores con esta mentalidad siempre buscan oportunidades para aprender, crecer y destacar en su campo.

Al adoptar una mentalidad ganadora, te conviertes en el autor de tu propia historia de éxito en las ventas. Esta poderosa mentalidad le permite afrontar los retos con confianza, perseguir resultados audaces e inspirar a los demás con su determinación y éxito. Recuerde que una mentalidad ganadora no es un rasgo innato, sino una elección consciente que puede hacer en cualquier momento. Cultive esta mentalidad, manténgase centrado en sus objetivos y avance hacia el éxito con el valor y la determinación de un auténtico ganador en ventas.

Superar el miedo al rechazo y a la adversidad

El miedo al rechazo y a la adversidad es una de las barreras más importantes a las que se enfrentan los vendedores en sus carreras. Esta sensación de temor puede derivarse de experiencias pasadas, del miedo al fracaso o a no ser bien recibido por los clientes. Sin embargo, superar este miedo es esencial para convertirse en un vendedor de éxito. En este capítulo, exploraremos poderosas estrategias para afrontar el miedo al rechazo y a la adversidad, que le permitirán enfrentarse a estos retos con valentía y determinación.

Reconocer el origen del miedo: el primer paso para superar el miedo al rechazo y a la adversidad es reconocer su origen. Comprender qué experiencias o creencias están alimentando este miedo te permite trabajar para superarlo. A menudo, el miedo tiene sus raíces en experiencias pasadas que no reflejan necesariamente la realidad presente o futura. Al identificar estos orígenes, puedes empezar a cuestionar su validez y tomar medidas para abordarlos.

Transformar el miedo en motivación: una forma eficaz de afrontar el miedo es transformarlo en motivación. En lugar de permitir que el miedo te paralice, utilízalo como fuerza motriz para actuar con determinación y proactividad. Visualiza los resultados positivos que puedes conseguir si superas el miedo, y mantén este escenario inspirador en tu mente mientras te preparas para tus interacciones con los clientes.

Practicar la resiliencia: el rechazo y la adversidad forman parte del viaje de las ventas. Comprender que no todas las situaciones serán satisfactorias es clave para desarrollar la resiliencia. La resiliencia nos permite afrontar los contratiempos con valentía y aprender de cada experiencia. En lugar de sentirse abrumado por el rechazo, utilícelo como una oportunidad para identificar áreas de mejora y crecer como vendedor.

Abrazar la autenticidad: uno de los mayores temores de los vendedores es no ser aceptados o comprendidos por los clientes. La autenticidad es un poderoso aliado para superar este miedo.

Al ser genuino en tus interacciones con los clientes, creas una conexión más profunda y auténtica. Muéstrese como un profesional seguro de sí mismo, pero también humano, capaz de comprender y relacionarse con las necesidades y los retos de los clientes.

Separar el "yo" del "no": es importante separar el rechazo o la adversidad de tus propias valoraciones personales. Recuerda que cuando un cliente rechaza una oferta o expresa objeciones, no se trata de un rechazo hacia ti como individuo. En lugar de interiorizar negativamente las respuestas negativas, considérelas parte del proceso de ventas y una oportunidad para mejorar sus planteamientos.

Adoptar una mentalidad de aprendizaje: Adoptar una mentalidad de aprendizaje continuo es clave para superar el miedo al rechazo y a la adversidad. Cada interacción con los clientes, tenga éxito o no, puede aportar información valiosa. Considere cada experiencia como una oportunidad para aprender y crecer, tratando de mejorar sus habilidades y estrategias con cada nueva interacción.

Busque apoyo y opiniones: No dude en buscar apoyo y comentarios de compañeros de equipo o mentores. Tener a alguien con quien compartir tus experiencias y ansiedades puede proporcionarte una valiosa perspectiva externa y ofrecerte consejos sobre cómo afrontar situaciones difíciles. Además, recibir comentarios constructivos te permite identificar áreas de mejora y tomar medidas para mejorar tu enfoque.

Celebrar tus logros: Cuando te enfrentes al miedo al rechazo y a la adversidad, es importante que recuerdes tus logros. Celebre cada victoria, por pequeña que sea, y reconozca su progreso continuo. Cultivar una mentalidad de gratitud y aprecio por tus logros refuerza tu autoestima y confianza, lo cual es esencial para afrontar futuros retos con más resiliencia.

Superar el miedo al rechazo y a la adversidad es un proceso de autodescubrimiento y autodesarrollo. Recuerda que es normal sentir miedo en algunas situaciones, pero lo que importa es cómo decides afrontarlo. Cultiva el coraje interior, confía en tus capacidades y acepta cada reto como una oportunidad para crecer y convertirte en un vendedor aún más excepcional. Con dedicación y determinación, puedes superar el miedo y conseguir resultados extraordinarios en tu carrera de ventas.

EL CLIENTE Y EL VIAJE DEL HÉROE

Como los héroes de las leyendas y mitologías, los clientes emprenden un viaje lleno de retos, descubrimientos y transformaciones a lo largo de su experiencia de compra. El vendedor, a su vez, desempeña un papel crucial en este viaje, asumiendo el papel de guía y aliado del cliente en la búsqueda del éxito. En este capítulo, exploraremos la fascinante analogía entre el viaje del cliente y el viaje del héroe, comprendiendo cómo los vendedores pueden convertirse en verdaderos héroes para sus clientes y conducirles al éxito.

La llamada a la aventura: al igual que el héroe es convocado a una aventura que cambia su vida, el cliente también se enfrenta a una llamada a la acción cuando percibe una necesidad o un deseo que debe satisfacer. En este punto, el vendedor desempeña el papel de mentor, presentando soluciones y despertando la conciencia del cliente sobre la oportunidad que se le presenta.

Conocimiento de lo desconocido: cuando el héroe emprende su viaje, se enfrenta a lo desconocido y se adentra en territorio inexplorado. El cliente, al plantearse la compra, puede sentirse inseguro o ansioso ante las decisiones que debe tomar. En esta etapa, el vendedor desempeña el papel de guía, proporcionando información detallada, aclarando dudas y demostrando el valor del producto o servicio.

Enfrentarse a retos y obstáculos: durante su viaje, el héroe se enfrenta a retos y obstáculos que ponen a prueba su valor y determinación. Del mismo modo, el cliente puede encontrarse con objeciones, preocupaciones financieras o dudas sobre la viabilidad de la compra. El vendedor, como aliado, debe ayudar al cliente a superar estos retos ofreciéndole argumentos persuasivos, soluciones creativas y mostrando empatía para comprender y resolver sus preocupaciones.

Transformación y crecimiento: a medida que el héroe se enfrenta a los retos y aprende valiosas lecciones, experimenta una transformación personal y crece como individuo. Del mismo modo, el viaje del cliente está marcado por una evolución, ya que busca una solución que satisfaga sus necesidades y aspiraciones. En esta etapa, el vendedor debe ser capaz de adaptarse al ritmo del cliente, comprender sus perspectivas cambiantes y ajustar su enfoque a medida que avanza el viaje.

El regreso triunfal: tras alcanzar sus objetivos y superar los retos, el héroe regresa triunfante, transformado por su viaje. Para el cliente, el momento de cerrar la compra representa su propia victoria, la consecución de una solución que satisface sus expectativas y necesidades. En este momento, el vendedor lo celebra con el cliente, reforzando el valor de la decisión tomada y asegurándose de que el servicio posventa sea igual de excepcional.

El legado del héroe: en la mitología, los héroes dejan un legado que inspira a las generaciones futuras. Del mismo modo, el cliente satisfecho se convierte en una fuente de referencia para otros clientes potenciales, compartiendo su experiencia positiva y recomendando al vendedor como un verdadero héroe de ventas. El vendedor comprende entonces que su viaje como guía y aliado no termina con la venta, sino que es un viaje continuo de lealtad y construcción de relaciones duraderas.

Al entender el viaje del cliente desde la perspectiva del héroe, el vendedor se sitúa en el papel de protagonista de la narrativa de ventas, con la responsabilidad de guiar, apoyar y ofrecer soluciones que transformen el viaje del cliente en una historia de éxito. El viaje del cliente y el héroe es una parábola emocionante e inspiradora para todos los vendedores, que demuestra la importancia de convertirse en un verdadero héroe para los clientes, guiándoles con valentía, empatía y excelencia para alcanzar sus objetivos y construir una asociación duradera.

Trazar el recorrido del cliente para crear conexiones genuinas

Una de las claves para convertirse en un vendedor excepcional es comprender el recorrido del cliente en su totalidad. Mapear este recorrido es una estrategia poderosa que permite a los vendedores crear conexiones genuinas y significativas con sus clientes, estableciendo una relación de confianza y empatía a lo largo del proceso de compra. En este capítulo, exploraremos cómo trazar el recorrido del cliente y cómo utilizar este conocimiento para construir relaciones duraderas y exitosas.

El primer contacto: el trazado del recorrido del cliente comienza con el primer contacto entre el cliente y el vendedor. Es en este momento crucial cuando el vendedor debe mostrar un interés genuino por el cliente, escuchar atentamente sus necesidades y preocupaciones y sentar las bases de una relación de confianza desde el principio. La atención debe centrarse en comprender las expectativas del cliente y cómo el vendedor puede añadir valor a sus necesidades específicas.

Investigación y descubrimiento: en esta fase, el vendedor profundiza en la investigación y el descubrimiento de las necesidades y retos del cliente. Esto implica hacer preguntas inteligentes, explorar las motivaciones del cliente e identificar oportunidades para ofrecer soluciones personalizadas. El vendedor debe estar preparado para escuchar con empatía, comprender la perspectiva del cliente y presentar información relevante que satisfaga sus demandas específicas.

Identificar soluciones: basándose en la información recopilada, el vendedor debe identificar las mejores soluciones para las necesidades del cliente. Es esencial presentar opciones claras y transparentes, destacando los beneficios y ventajas de cada solución propuesta. Al demostrar que comprende las necesidades del cliente, el vendedor refuerza el vínculo de confianza y demuestra que está realmente interesado en ofrecer la mejor solución posible.

La experiencia de compra: el recorrido del cliente no se limita a la venta en sí, sino que incluye toda la experiencia de compra. El vendedor debe asegurarse de que la experiencia del cliente sea positiva y memorable en cada punto de contacto, desde la presentación de las soluciones hasta el servicio posventa. Cada interacción debe reflejar la dedicación del vendedor a ofrecer una experiencia excepcional y alinearse con los valores y expectativas del cliente.

Seguimiento y relación continua: el recorrido del cliente no termina con la venta, sino que incluye el seguimiento y la relación continua. El vendedor debe seguir presente en la vida del cliente, asegurándose de que se satisfacen sus necesidades y de que está satisfecho con la solución que ha adquirido. Mantener una comunicación proactiva y genuina ayuda a construir una conexión más profunda y fortalece la relación de confianza a lo largo del tiempo.

Anticiparse a las expectativas y superarlas: una de las mejores formas de crear conexiones genuinas es anticiparse a las expectativas del cliente y superarlas. Un vendedor proactivo y atento a las necesidades del cliente demuestra que está realmente comprometido a ofrecer el mejor servicio posible. Sorprender al cliente con un servicio excepcional, soluciones personalizadas y una atención genuina crea una impresión positiva duradera y fideliza al cliente a largo plazo.

Feedback y aprendizaje: trazar el recorrido del cliente es un viaje continuo de aprendizaje y mejora. El vendedor debe buscar opiniones y evaluaciones del cliente para entender cómo puede mejorar y ajustar sus estrategias en función de sus necesidades en constante evolución. Este valioso feedback es una fuente de información para mejorar la experiencia del cliente y reforzar las conexiones genuinas.

Al trazar el recorrido del cliente, el vendedor se pone en su lugar y comprende sus necesidades, retos y aspiraciones. Este enfoque centrado en el cliente permite al vendedor crear conexiones auténticas y significativas basadas en la empatía, la confianza y el entendimiento mutuo. El viaje del cliente es una oportunidad para que el vendedor se convierta en un verdadero aliado y guía para sus clientes, proporcionándoles soluciones personalizadas y una experiencia de compra excepcional. Con este enfoque, el vendedor destaca como un profesional excepcional, construyendo relaciones duraderas y exitosas que van más allá de la simple transacción comercial.

Ser la guía que los clientes necesitan para encontrar soluciones

En el mundo de las ventas, los clientes a menudo se enfrentan a un mar de opciones, decisiones complejas y dudas sobre qué camino seguir para alcanzar sus objetivos. En este contexto, el papel del vendedor como guía es esencial para ayudarles a navegar por este viaje y encontrar las mejores soluciones para sus necesidades. En este capítulo, exploraremos cómo los vendedores pueden convertirse en guías de confianza y capacitados, ofreciendo apoyo, conocimientos y orientación a los clientes para que puedan encontrar las soluciones ideales.

Comprender las necesidades del cliente: el primer paso para ser un guía eficaz es comprender realmente las necesidades del cliente. Esto implica escuchar atentamente sus demandas, hacer preguntas claras y empáticas y analizar sus expectativas y objetivos. Cuanto más conozca el vendedor al cliente, más precisa será su orientación y su indicación de soluciones adecuadas.

Conocimientos y dominio del producto: para ser un guía fiable, los vendedores deben tener un sólido dominio de sus conocimientos y de los productos o servicios que ofrecen. Es esencial estar al día de las últimas tendencias, características y ventajas de las soluciones disponibles. De este modo, el vendedor puede proporcionar información precisa y pertinente, facilitando al cliente la toma de una decisión.

Presentar opciones claras y personalizadas: un guía hábil ofrece opciones claras y personalizadas que satisfacen las necesidades específicas del cliente. Cada cliente es único, y el vendedor debe ser capaz de adaptar sus recomendaciones en función de las preferencias, el presupuesto y los objetivos individuales. Al presentar opciones a medida, el vendedor demuestra que está realmente comprometido con la búsqueda de la mejor solución para cada cliente.

Aclarar dudas y objeciones: durante el recorrido del cliente, es natural que surjan dudas y objeciones sobre las opciones presentadas. El guía atento se dedica a aclarar todas las dudas, proporcionar información adicional, mostrar pruebas concretas y ofrecer argumentos persuasivos. Abordan las objeciones con empatía, mostrando comprensión y aportando soluciones que eliminen las preocupaciones del cliente.

Proporcionar orientación imparcial: un verdadero guía es imparcial en su orientación, centrándose en el interés del cliente por encima de todo. No presiona con soluciones innecesarias o inapropiadas sólo para cerrar una venta. Al contrario, es transparente y honesto, destacando los pros y los contras de cada opción y permitiendo al cliente tomar la mejor decisión para sus necesidades.

Generar confianza y compenetración: la confianza es la base de la relación entre el guía y el cliente. El vendedor debe actuar con integridad, cumpliendo lo que promete, respetando los plazos y ofreciendo resultados. Además, se muestra accesible y disponible para el cliente en todas las etapas del viaje, demostrando que se compromete a proporcionarle apoyo continuo.

Ayuda a la implantación y posventa: el guía no abandona al cliente una vez realizada la venta. Acompañan al cliente durante la implantación de la solución, asegurándose de que todo funciona correctamente y sin problemas. También se mantienen en contacto después de la venta, recabando opiniones y ofreciendo asistencia adicional si es necesario. Este acompañamiento refuerza el valor del guía como socio fiable y demuestra que está verdaderamente comprometido con el éxito del cliente.

Ser el guía que los clientes necesitan para encontrar soluciones es un viaje continuo de aprendizaje, empatía y dedicación.

El vendedor que se posiciona como guía construye relaciones duraderas y significativas, ganándose la fidelidad del cliente y creando una ventaja competitiva en el sector. Al ofrecer apoyo, conocimientos y orientación genuinos, el guía experto ayuda a los clientes en el camino hacia el éxito, convirtiéndose en un aliado valioso y fiable en su viaje hacia la consecución de sus objetivos.

EL HÉROE EN EL ENFOQUE DE VENTAS

En el mundo de las ventas, el vendedor desempeña un papel esencial como héroe de la narración, guiando a los clientes en su viaje hacia la consecución de sus objetivos y necesidades. Al igual que los héroes de leyenda, el vendedor se enfrenta a los retos, busca soluciones creativas y asume la responsabilidad de ofrecer un servicio excepcional. En este capítulo, exploraremos la importancia del héroe en el enfoque de ventas y cómo pueden utilizarse los atributos del héroe para crear conexiones genuinas y lograr resultados extraordinarios.

Valor para el primer paso: al igual que el héroe se enfrenta a la llamada a la aventura, el vendedor demuestra valor al dar el primer paso en el enfoque de ventas. Supera cualquier duda inicial, confía en sus capacidades y se pone a disposición del cliente para ayudarle. La valentía del vendedor al iniciar el proceso de venta es clave para establecer una conexión inicial y allanar el camino para construir una relación significativa.

Empatía y comprensión: el héroe no sólo se enfrenta a los retos, sino que también comprende las necesidades y preocupaciones de aquellos a los que protege. Del mismo modo, los vendedores deben ser empáticos y comprensivos con los clientes, escuchando atentamente sus demandas e intentando ver el mundo desde su perspectiva. La empatía permite al vendedor crear un enfoque personalizado y ofrecer soluciones que realmente satisfagan las necesidades del cliente.

Determinación para superar obstáculos: el camino del héroe está lleno de obstáculos, y los vendedores también se encuentran con desafíos en su viaje de ventas. La determinación es esencial para superar objeciones, sortear contratiempos y persistir incluso ante las dificultades. Los vendedores decididos no se desaniman y ven cada reto como una oportunidad para mejorar sus habilidades y estrategias.

Creatividad en la resolución de problemas: el héroe a menudo necesita encontrar soluciones creativas para enfrentarse a situaciones adversas. Del mismo modo, el vendedor creativo es capaz de identificar soluciones personalizadas e innovadoras para satisfacer las necesidades del cliente. Está dispuesto a pensar con originalidad, adaptarse a las circunstancias y ofrecer opciones que destaquen en el mercado.

Responsabilidad y compromiso: al igual que el héroe asume la responsabilidad de proteger y guiar a los demás, el vendedor también asume el compromiso de ofrecer un servicio excepcional y soluciones de calidad. La responsabilidad del vendedor es cumplir sus promesas, respetar los plazos y asegurarse de que se satisfacen las expectativas del cliente.

Resiliencia ante la adversidad: el héroe se enfrenta a momentos de adversidad, pero su resiliencia le hace perseverar en su misión. El vendedor resiliente no se tambalea ante los rechazos o los fracasos temporales, sino que encuentra la fuerza para seguir adelante y aprender de cada experiencia. La resiliencia es un valioso atributo que permite a los vendedores destacar y lograr resultados excepcionales.

Celebrar los logros: el héroe celebra sus victorias, y los vendedores también deberían celebrar sus logros cuando cierran una venta o consiguen resultados significativos. Celebrar no sólo refuerza la motivación del vendedor, sino que también demuestra al cliente que se le valora y que la colaboración es digna de celebración.

El aliado y guía del cliente: el verdadero héroe no es sólo un salvador, sino un aliado y guía de aquellos a los que protege. Del mismo modo, los vendedores se posicionan como aliados y guías fiables para sus clientes. Están presentes a lo largo de todo el recorrido del cliente, ofreciendo apoyo, conocimientos y asistencia en cada etapa.

Al incorporar los atributos del héroe a su enfoque de ventas, los vendedores destacan como profesionales excepcionales, capaces de crear conexiones genuinas y lograr resultados sobresalientes. No se limitan a vender productos o servicios, sino que actúan como guías para ayudar a los clientes a alcanzar sus objetivos y encontrar soluciones satisfactorias y personalizadas. Con valentía, empatía, determinación y creatividad, el vendedor asume el papel de héroe de la narrativa de ventas, dejando una impresión duradera y construyendo relaciones de confianza con los clientes.

Crear una primera impresión impactante y duradera

La primera impresión es un momento crucial en el proceso de venta. Es en este momento inicial cuando el vendedor tiene la oportunidad de causar un impacto positivo y ganarse la atención del cliente. Una primera impresión impactante y duradera es la clave para establecer una conexión significativa desde el principio, lo que puede marcar la diferencia a la hora de construir una relación sólida y fructífera. En este capítulo, exploraremos poderosas estrategias para crear una primera impresión que perdure en la mente del cliente y abra la puerta a una asociación fructífera.

Llevar la armadura de la confianza: la confianza es uno de los pilares fundamentales de una primera impresión positiva. Los vendedores deben llevar la armadura de la confianza, presentándose con una postura y un lenguaje corporal asertivos. Un aspecto profesional y un apretón de manos firme transmiten al cliente que el vendedor es digno de confianza y capaz de cumplir sus promesas.

La importancia de la empatía: el cliente necesita sentir que se le escucha y comprende desde el primer momento. La empatía es una habilidad esencial para crear esta conexión emocional. El vendedor debe mostrar un interés genuino por las necesidades del cliente, haciendo preguntas relevantes y estando dispuesto a comprender su perspectiva única.

Dominar el arte de la comunicación: una comunicación clara y eficaz es esencial para causar una buena impresión. Los vendedores deben hablar con seguridad y articulación, evitando la jerga o el lenguaje técnico excesivo. Comunicarse de forma asertiva y persuasiva demuestra al cliente que el vendedor domina el tema y puede proporcionarle información valiosa.

Sonreír y ser carismático: una sonrisa genuina es una herramienta poderosa para crear una primera impresión positiva. Transmite simpatía, carisma y un ambiente acogedor. Un vendedor carismático es capaz de cautivar al cliente y hacer que la interacción sea más agradable, facilitando la apertura al diálogo y la exploración de las necesidades del cliente.

Personalizar el enfoque: cada cliente es único, y un enfoque personalizado demuestra al cliente que el vendedor valora su individualidad. Conocer al cliente por su nombre y mencionar detalles relevantes sobre su empresa o su historia crea una atmósfera de confianza y hace que el cliente se sienta especial y atendido de forma exclusiva.

Ofrezca valor desde el principio: una primera impresión excepcional va más allá de un simple saludo. El vendedor debe ser capaz de ofrecer valor desde el principio, presentando información o conocimientos que sean relevantes y útiles para el cliente. Compartir conocimientos valiosos y estar dispuesto a ayudar desde el primer contacto sienta las bases de una relación de confianza y reciprocidad.

Escuchar más que hablar: una primera impresión duradera también es el resultado de la escucha activa. Los vendedores deben dedicar más tiempo a escuchar al cliente que a hablar de sí mismos o de sus productos. Esto permite al vendedor entender las necesidades del cliente e identificar las mejores soluciones, demostrando que está realmente interesado en ayudar al cliente, no sólo en hacer una venta.

Mostrar entusiasmo y pasión: el entusiasmo es contagioso y crea un ambiente positivo. Los vendedores deben mostrar pasión por lo que hacen y por las soluciones que ofrecen. Transmitir entusiasmo es una forma poderosa de despertar el interés del cliente y demostrar que el vendedor cree en el valor de lo que ofrece.

Crear una primera impresión impactante y duradera requiere un cuidadoso equilibrio entre las habilidades interpersonales, el conocimiento del producto y la autenticidad. El vendedor que se presenta con confianza, empatía, comunicación eficaz y una buena dosis de carisma crea una base sólida para construir una relación significativa con el cliente. Una primera impresión positiva no es sólo un punto de partida; es la base de una colaboración fructífera y para ganarse la confianza del cliente a largo plazo.

Utilizar historias y relatos para atraer a los clientes

Las historias han sido una poderosa herramienta de comunicación a lo largo de la historia de la humanidad. Desde tiempos inmemoriales, se han utilizado para transmitir conocimientos, valores, emociones y enseñanzas. En el contexto de las ventas, las historias desempeñan un papel fundamental a la hora de captar clientes de forma significativa, haciendo que el enfoque sea más memorable, emotivo y persuasivo. En este capítulo, exploraremos el arte de utilizar historias y narraciones para crear conexiones auténticas con los clientes y aumentar el poder de persuasión en las ventas.

La ciencia de las historias: las historias tienen una sólida base científica para atraer a los seres humanos. Los estudios demuestran que cuando escuchamos historias, nuestro cerebro libera hormonas como la oxitocina, que nos hacen sentir más conectados y empáticos con los personajes de la historia. Al utilizar narraciones en las ventas, los vendedores pueden activar esta respuesta emocional en los clientes, creando una conexión profunda y duradera.

Personajes y viajes cautivadores: toda buena historia tiene personajes cautivadores y viajes atractivos. En el contexto de las ventas, el cliente es el héroe de la historia, y el vendedor es el guía que le ayuda en su viaje hacia el éxito. Al crear narraciones que sitúan al cliente como protagonista, el vendedor puede despertar su interés y generar empatía con su situación y sus necesidades.

Demostrar el valor con historias de éxito: las historias de éxito son una forma poderosa de demostrar el valor de las soluciones ofrecidas. Al compartir casos de clientes anteriores que han obtenido resultados positivos gracias al producto o servicio, el vendedor demuestra al cliente que las soluciones propuestas funcionan realmente en la práctica. Estas historias auténticas y reales aumentan la credibilidad del vendedor y dan al cliente una visión concreta de los beneficios que puede obtener.

Implicar al cliente en una narración interactiva: una narración interactiva implica al cliente en un diálogo continuo y estimulante. El vendedor puede hacer preguntas que lleven al cliente a implicarse emocionalmente en la historia y a visualizar cómo la solución propuesta puede satisfacer sus necesidades. Este atractivo enfoque convierte al cliente en parte activa de la narración, lo que aumenta su interés y compromiso.

La emoción como herramienta de persuasión: las historias tienen el poder de evocar emociones en los oyentes. El vendedor puede utilizar esta emoción estratégicamente para persuadir al cliente de que tome una decisión. Al crear historias que despiertan emociones positivas como la alegría, la esperanza y la satisfacción, el vendedor puede asociar estos sentimientos a la solución que se ofrece, haciéndola más atractiva y deseable para el cliente.

Conexiones culturales y valores compartidos: las historias que abordan temas culturales o valores compartidos por el vendedor y el cliente tienen un impacto aún mayor. Estas narraciones crean una profunda conexión emocional, ya que demuestran que el vendedor entiende y se identifica con las creencias y los retos del cliente. Esta afinidad puede ser un factor decisivo en la elección del cliente para una asociación duradera.

Crear un arco narrativo persuasivo: una historia eficaz tiene un arco narrativo persuasivo, con una introducción atractiva, un desarrollo emocionante y una conclusión satisfactoria. El vendedor debe estructurar su narración de forma que atraiga la atención del cliente desde el principio, desarrolle una trama que lo mantenga interesado y concluya con una llamada a la acción persuasiva y clara.

Historias que inspiran y motivan: las mejores historias son las que inspiran y motivan al cliente a actuar. El vendedor puede utilizar narraciones que muestren cómo otras empresas o personas han superado retos similares y logrado resultados excepcionales. Estas historias inspiradoras motivan al cliente a creer que él también puede alcanzar el éxito con la ayuda del vendedor y las soluciones propuestas.

Al utilizar historias y relatos en sus enfoques de venta, el vendedor no solo hace que la experiencia sea más atractiva, sino que establece una conexión emocional y auténtica con el cliente. Las historias permiten al vendedor comunicar información de forma más memorable, crear empatía e influir en las decisiones del cliente de forma persuasiva. Al incorporar el arte de contar historias a su estrategia de ventas, los vendedores elevan su enfoque a un nivel más humano y significativo, construyendo relaciones sólidas y duraderas con los clientes.

Utilizar historias y relatos como una poderosa herramienta de ventas es una habilidad que puede dominarse con la práctica y el perfeccionamiento. Al reconocer el poder emocional de las historias, los vendedores pueden crear conexiones auténticas con los clientes, proporcionándoles una experiencia de compra más personalizada y significativa. La ciencia detrás de las historias revela que tienen la capacidad de influir en las decisiones de los clientes de una manera única, activando respuestas emocionales que impulsan la acción y la toma de decisiones.

Al contar historias de éxito, los vendedores pueden demostrar la eficacia de sus soluciones de forma tangible y concreta, conectando los beneficios ofrecidos con las necesidades específicas del cliente. La interacción interactiva con el cliente permite moldear la narración en función de sus respuestas y reacciones, lo que la hace aún más atractiva y pertinente. El uso estratégico de la emoción en las historias puede influir en la percepción que el cliente tiene de la solución propuesta, generando entusiasmo, confianza y una mayor conexión emocional.

Construir narraciones que conecten con los valores culturales y compartidos entre el vendedor y el cliente refuerza el sentimiento de afinidad y comprensión mutua, aumentando la confianza y credibilidad del vendedor. El arco narrativo bien estructurado permite contar la historia de forma convincente, captando la atención del cliente desde el principio hasta la llamada final a la acción.

Además de persuadir al cliente para que tome una decisión, las historias también tienen el poder de inspirar y motivar. Al compartir historias de superación y éxito, el vendedor anima al cliente a creer que él también puede lograr resultados excepcionales con la ayuda de las soluciones propuestas.

Por lo tanto, dominar el arte de utilizar historias y relatos en las ventas es una valiosa habilidad que permite al vendedor crear una auténtica conexión emocional con el cliente, haciendo que la experiencia de compra sea más memorable, relevante y persuasiva. Al incorporar historias auténticas e inspiradoras a sus planteamientos de venta, los vendedores destacan como profesionales capaces de crear relaciones sólidas y duraderas con los clientes, lograr resultados excepcionales y forjarse una reputación positiva en el mercado. El arte de contar historias es una poderosa herramienta que permite a los vendedores elevar su enfoque a un nivel más humano, empático y eficaz, ganándose con el tiempo la confianza y la fidelidad de los clientes.

HACER FRENTE A LOS VILLANOS DE LAS VENTAS

Al igual que en las historias épicas, el mundo de las ventas también tiene sus villanos que pueden obstaculizar el camino del vendedor hacia el éxito. Estos "villanos de las ventas" son obstáculos y retos que pueden sabotear los esfuerzos de un vendedor e impedirle cerrar tratos. En este capítulo, exploraremos los principales villanos a los que se enfrentan los vendedores a diario y presentaremos estrategias eficaces para superarlos y conseguir resultados extraordinarios.

Resistencia al cambio: La resistencia al cambio es un poderoso villano que puede surgir tanto en los clientes como en los equipos de ventas. Los clientes suelen estar acostumbrados a sus rutinas y soluciones actuales, por lo que resulta difícil convencerles de que consideren nuevas alternativas. Para hacer frente a este villano, el vendedor debe comunicar claramente las ventajas de las soluciones propuestas, destacando cómo pueden superar los retos actuales e impulsar el crecimiento.

Miedo al rechazo: el miedo al rechazo es un villano que puede minar la confianza del vendedor y afectar a su enfoque de ventas. Es natural que los vendedores se enfrenten a situaciones negativas, pero superar el miedo al rechazo es esencial para persistir y alcanzar el éxito. Los vendedores deben ver los rechazos como oportunidades para aprender y mejorar, buscando comentarios constructivos para mejorar sus estrategias.

Falta de diferenciación: la falta de diferenciación es un villano que puede hacer que los productos y servicios del vendedor resulten poco atractivos a los ojos del cliente. Para hacer frente a este reto, los vendedores deben destacar los diferenciales únicos de sus soluciones, mostrando cómo se distinguen de la competencia y ofrecen un valor adicional al cliente.

Competencia feroz: la competencia feroz es un villano que puede hacer que el mercado sea desafiante y competitivo. El vendedor debe estudiar a fondo a la competencia, identificando sus puntos fuertes y débiles. Este análisis permite al vendedor posicionar sus soluciones estratégicamente, destacando las ventajas que las convierten en la mejor opción para el cliente.

Procrastinación del cliente: la procrastinación del cliente puede ser un villano que prolongue el ciclo de ventas y dificulte el cierre del trato. El vendedor debe demostrar un sentido de urgencia y ofrecer incentivos para animar al cliente a tomar una decisión rápida. Además, el vendedor puede hacer un seguimiento proactivo del cliente, ofreciéndole apoyo e información adicional para ayudarle a tomar su decisión.

Falta de confianza: la falta de confianza es un villano que puede comprometer la credibilidad del vendedor ante el cliente. Para afrontar este reto, los vendedores deben ser transparentes y honestos en sus interacciones, cumpliendo sus promesas y estableciendo una relación de confianza mutua. Las historias de éxito y las referencias de clientes satisfechos también pueden reforzar la confianza en la solución ofrecida.

Falta de adecuación a las necesidades del cliente: no comprender plenamente las necesidades del cliente es un vicio que puede llevar a los vendedores a ofrecer soluciones inadecuadas. El vendedor debe dedicar tiempo a escuchar atentamente al cliente, haciendo las preguntas adecuadas e intentando comprender sus demandas y retos. A partir de este conocimiento, el vendedor puede adaptar sus estrategias para satisfacer las necesidades específicas del cliente.

Complacencia y estancamiento: la complacencia y el estancamiento son villanos que pueden limitar el crecimiento y la innovación en el campo de las ventas. Para hacerles frente, los vendedores deben buscar siempre la mejora continua, buscando nuevas estrategias, aprendiendo de las experiencias pasadas y manteniéndose al día de las tendencias del mercado.

Enfrentarse a los villanos de las ventas requiere determinación, creatividad y coraje. El vendedor que se mantiene resistente ante los retos, aprende de la adversidad y adopta estrategias inteligentes y diferenciadas tiene el poder de convertir a los villanos en aliados. Al superar estos obstáculos con un enfoque estratégico y una mentalidad de crecimiento, el vendedor consigue resultados excepcionales y se convierte en un auténtico héroe de las ventas. Recuerda: cada reto superado es una oportunidad de crecimiento y mejora, y el camino del vendedor hacia el éxito es una historia llena de aprendizaje y logros. Enfréntate a los villanos de las ventas con valentía y determinación, ¡y escribe el capítulo de éxito de tu carrera como vendedor!

En este capítulo, exploramos algunos de los principales villanos a los que se enfrentan los vendedores en el mundo de las ventas, así como estrategias eficaces para superarlos. Cada uno de estos villanos puede representar un reto único, pero con un enfoque estratégico y una mentalidad de crecimiento, los vendedores pueden convertirlos en oportunidades de crecimiento y éxito.

Cuando se enfrenta a la resistencia al cambio, el vendedor debe centrarse en comunicar las ventajas de las soluciones propuestas, destacando cómo pueden superar los retos actuales del cliente e impulsar el crecimiento. Hacer frente al miedo al rechazo requiere persistencia y confianza, y ver los aspectos negativos como oportunidades para aprender y mejorar.

La falta de diferenciación puede superarse destacando los diferenciales únicos de las soluciones ofrecidas, haciéndolas más atractivas a los ojos del cliente. Ante una competencia feroz, los vendedores deben estudiar la competencia en detalle, identificando los puntos fuertes y débiles para posicionar sus soluciones estratégicamente.

Para vencer la dilación del cliente, el vendedor debe demostrar un sentido de urgencia y ofrecer incentivos que animen al cliente a tomar una decisión rápida. Además, un seguimiento proactivo puede proporcionar el apoyo necesario para ayudar al cliente en su decisión.

La falta de confianza puede combatirse siendo transparente, cumpliendo las promesas y estableciendo una relación de confianza mutua con el cliente. El vendedor también puede utilizar historias de éxito y referencias de clientes satisfechos para reforzar la confianza en la solución ofrecida.

Es esencial que el vendedor esté alineado con las necesidades del cliente, escuchando atentamente sus demandas y retos y adaptando sus estrategias para satisfacerlos. Además, la autocomplacencia y el estancamiento pueden superarse mediante la mejora continua, el aprendizaje y la búsqueda de nuevas estrategias y tendencias de mercado.

Enfrentarse a los villanos de las ventas requiere valor, determinación y creatividad. Cada reto superado es una oportunidad de crecimiento y mejora, y los vendedores que siguen siendo resistentes ante la adversidad pueden convertir estos obstáculos en aliados en su camino hacia el éxito.

Recuerda que el viaje de un vendedor es una historia de aprendizaje y logros. Al enfrentarse a los villanos de las ventas con valentía y determinación, los vendedores pueden convertirse en verdaderos héroes de las ventas, logrando resultados excepcionales y dejando una impresión duradera en sus clientes. Con un enfoque estratégico, una mentalidad de crecimiento y la determinación de sobresalir en el mundo de las ventas, los vendedores pueden escribir el capítulo de éxito de su carrera, superando a los villanos y logrando resultados extraordinarios.

Identificar y superar los obstáculos habituales en el proceso de venta

El camino de un vendedor está lleno de retos y obstáculos que pueden entorpecer el proceso de venta. En este capítulo, exploraremos los obstáculos más comunes a los que se enfrentan los vendedores y proporcionaremos estrategias eficaces para identificarlos y superarlos. Al comprender estos retos y aprender a sortearlos, los vendedores pueden mejorar su enfoque, aumentar su eficacia y lograr resultados excepcionales.

Identificar a los gatekeepers: los gatekeepers son los responsables de filtrar el acceso a los responsables de la toma de decisiones en las empresas. Identificarlos y superar sus barreras es esencial para llegar a los decisores clave. El vendedor debe desarrollar técnicas y estrategias de comunicación persuasiva para entablar relaciones con estos guardianes, ganarse su confianza y acceder a los responsables de la toma de decisiones.

Hacer frente a la competencia: la competencia feroz es un obstáculo constante en el proceso de ventas. El vendedor debe estar preparado para enfrentarse a la competencia estratégicamente, destacando los diferenciales únicos de sus soluciones y demostrando el valor adicional que ofrecen al cliente. Conocer a fondo los puntos fuertes y débiles de la competencia es fundamental para posicionarse ventajosamente en el mercado.

Superar la resistencia del cliente: la resistencia del cliente puede surgir en varias fases del proceso de venta, ya sea por miedo al cambio o por falta de comprensión del valor de la solución ofrecida. El vendedor debe practicar la empatía, escuchar atentamente las objeciones del cliente y ofrecer respuestas convincentes, destacando cómo la solución propuesta puede satisfacer las necesidades específicas del cliente.

Gestionar el ciclo de ventas: el ciclo de ventas puede ser complejo y llevar mucho tiempo, lo que requiere paciencia y organización por parte del vendedor. Es esencial gestionar el proceso de ventas con eficacia, supervisando cada etapa y ofreciendo un apoyo proactivo al cliente. El uso de herramientas y tecnologías de venta también puede optimizar el proceso y aumentar la productividad.

Superar la falta de compromiso: en algunos casos, los clientes pueden no mostrar suficiente interés o compromiso en el proceso de venta. El vendedor debe tratar de implicar al cliente de forma más activa, creando un enfoque personalizado que sea relevante para sus necesidades. El uso de historias y relatos atractivos también puede cautivar al cliente y hacer que la experiencia de compra sea más atractiva.

Hacer frente a las prioridades cambiantes del cliente: las prioridades del cliente pueden cambiar con el tiempo, lo que influye en sus decisiones de compra. El vendedor debe mantenerse al día de las necesidades del cliente y adaptar su enfoque en consecuencia. La flexibilidad y la capacidad de ajustar las estrategias de venta son fundamentales para seguir el ritmo de una demanda en constante evolución.

Superar el miedo a negociar: el proceso de negociación puede generar ansiedad e inseguridad en algunos vendedores. Superar el miedo a negociar requiere confianza en sus capacidades, un conocimiento profundo del producto o servicio que se ofrece y una mentalidad de colaboración para encontrar soluciones que satisfagan los intereses de ambas partes.

Generar contactos cualificados: generar contactos cualificados es un reto para muchos vendedores. Para superarlo, los vendedores deben utilizar estrategias eficaces de marketing y prospección para identificar y atraer a clientes potenciales que se ajusten al perfil del cliente ideal. Cultivar los contactos y establecer relaciones es esencial para convertirlos en oportunidades de negocio.

Mantener la motivación: el camino de las ventas puede estar lleno de altibajos, lo que puede afectar a la motivación del vendedor. Es importante desarrollar una mentalidad positiva, fijar objetivos realistas y celebrar cada logro, por pequeño que sea. El apoyo de compañeros de equipo y líderes también puede ser una valiosa fuente de motivación y ánimo.

Aprender de las experiencias: cada obstáculo al que nos enfrentamos en el proceso de ventas es una oportunidad para aprender y crecer. Los vendedores deben analizar sus experiencias, identificar los puntos de mejora y aplicar estos aprendizajes a su enfoque futuro. La búsqueda continua de mejoras y la voluntad de afrontar retos son rasgos esenciales del héroe de las ventas.

Superar los obstáculos habituales en el proceso de ventas requiere dedicación, habilidades estratégicas y una mentalidad resistente. Al identificar y afrontar estos retos de forma proactiva, los vendedores pueden convertir los obstáculos en oportunidades, establecer relaciones duraderas con los clientes y lograr resultados excepcionales. Recuerda que el viaje del vendedor es una historia de aprendizaje y crecimiento continuos, y cada superación es un logro que te hace más fuerte y más hábil en tu camino como héroe de las ventas.

Estrategias para afrontar las objeciones y la adversidad

En el mundo de las ventas, las objeciones y la adversidad son inevitables. Sin embargo, estos retos pueden transformarse en oportunidades para fortalecer la relación con el cliente e impulsar el éxito de ventas. En este capítulo, exploraremos estrategias eficaces para afrontar las objeciones con confianza, superar la adversidad con resiliencia y ganarse la confianza del cliente, emergiendo como auténticos héroes de las ventas.

Comprender las objeciones del cliente: el primer paso para hacer frente a las objeciones es comprender las preocupaciones y dudas del cliente de forma empática. El vendedor debe escuchar atentamente al cliente, haciéndole preguntas claras para identificar las razones que hay detrás de las objeciones. Al comprender las preocupaciones del cliente, el vendedor puede ofrecer respuestas más precisas y pertinentes, demostrando que está realmente interesado en resolver sus problemas.

Prepararse para las objeciones habituales: la preparación es la clave para superar las objeciones con confianza. El vendedor debe anticiparse a las objeciones comunes relacionadas con el producto, el precio, el plazo de entrega u otros aspectos relevantes para el cliente. Al estar preparado para estas objeciones, el vendedor puede ofrecer respuestas sólidas y convincentes y evitar que le pillen desprevenido.

Convertir las objeciones en oportunidades: las objeciones pueden verse como oportunidades para ofrecer al cliente más información y destacar las ventajas de su solución. Al abordar las objeciones con empatía y respeto, el vendedor puede crear un entorno de colaboración para explorar las preocupaciones del cliente, superar sus dudas y ofrecer soluciones personalizadas.

Utilizar pruebas sociales: las pruebas sociales, como los testimonios de clientes satisfechos y los estudios de casos de éxito, son valiosas para ganarse la confianza del cliente y superar objeciones. El vendedor debe utilizar historias de éxito y pruebas tangibles para demostrar la eficacia de sus soluciones y mostrar cómo pueden resolver los retos específicos del cliente.

Demostrar conocimientos y experiencia: la confianza del cliente es esencial para superar las objeciones. El vendedor debe demostrar sus conocimientos y experiencia en el mercado y el sector, proporcionando información valiosa y perspectivas pertinentes que añadan valor a la decisión del cliente. Al mostrarse como un experto fiable, el vendedor aumenta la probabilidad de que el cliente confíe en sus recomendaciones.

Adoptar un enfoque personalizado: cada cliente es único, y un enfoque personalizado es clave para tratar las objeciones con eficacia. El vendedor debe escuchar las necesidades y preocupaciones específicas de cada cliente, adaptando sus respuestas y soluciones en consecuencia. Un enfoque personalizado muestra al cliente que sus preocupaciones se toman en serio y que se le valora como persona.

Superar la adversidad con resiliencia: además de las objeciones, los vendedores pueden enfrentarse a adversidades a lo largo de su trayectoria. La resiliencia es la capacidad de adaptarse y superar estas adversidades con determinación y coraje. Los vendedores deben aprender de los retos a los que se enfrentan, buscando soluciones creativas y manteniendo una actitud positiva para seguir adelante, incluso ante las dificultades.

Aprender de experiencias anteriores: cada objeción superada y cada adversidad afrontada es una oportunidad de aprendizaje. Los vendedores deben reflexionar sobre sus experiencias anteriores, identificando los puntos fuertes y las áreas de mejora en su enfoque de ventas. El aprendizaje continuo es esencial para la mejora profesional y para convertirse en un héroe de ventas más capaz y eficiente.

Construir relaciones duraderas: al superar las objeciones y las adversidades, el vendedor puede fortalecer la relación con el cliente. Un enfoque honesto y empático, combinado con un compromiso genuino para satisfacer las necesidades del cliente, puede crear una base sólida para una relación duradera y productiva.

Celebrar los logros: cada objeción superada y cada adversidad afrontada son logros que deben celebrarse. Los vendedores deben reconocer sus victorias, incluso las más pequeñas, y celebrar cada avance en su trayectoria de ventas. Celebrar los logros refuerza la motivación y aumenta la confianza para afrontar nuevos retos.

Enfrentarse a las objeciones y a la adversidad requiere habilidades estratégicas, empatía y resiliencia. Comprendiendo las objeciones del cliente, estando preparado para afrontarlas, utilizando la prueba social y demostrando experiencia, el vendedor puede superar las objeciones con seguridad y ganarse la confianza del cliente. Afrontar la adversidad con resiliencia, aprender de experiencias anteriores y establecer relaciones sólidas con los clientes son ingredientes esenciales para convertirse en un héroe de las ventas y lograr resultados extraordinarios. El viaje del vendedor es una historia llena de retos, aprendizajes y logros, y cada paso dado hacia el éxito contribuye a construir una carrera de excelencia en las ventas. Recuerda que la perseverancia y el compromiso para afrontar las objeciones y la adversidad son las señas de identidad de un verdadero héroe de las ventas.

LAS HERRAMIENTAS DEL HÉROE DE VENTAS

En el mundo moderno de las ventas, el éxito requiere el uso eficiente de herramientas y tecnologías que mejoren la eficacia del vendedor. En este capítulo, exploraremos las principales herramientas del héroe de ventas, destacando cómo pueden optimizar el proceso de ventas, mejorar la productividad y reforzar la conexión con los clientes. Dominando estas herramientas, los vendedores pueden destacar en un mercado competitivo y lograr resultados extraordinarios.

CRM (gestión de las relaciones con los clientes): El CRM es una de las herramientas más potentes para el héroe de las ventas. Permite gestionar eficazmente los datos de los clientes, el historial de interacciones, los seguimientos y las tareas pendientes. Con un CRM bien utilizado, los vendedores pueden seguir el recorrido del cliente, crear relaciones más estrechas y ofrecer un servicio personalizado, identificando oportunidades de negocio y fidelizando a los clientes.

Automatización del marketing y marketing por correo electrónico: la automatización del marketing y el marketing por correo electrónico son recursos fundamentales para generar y nutrir clientes potenciales. Estas herramientas permiten a los vendedores enviar contenido relevante y personalizado a los clientes en momentos estratégicos, manteniéndolos comprometidos y alimentando la relación a lo largo del tiempo. La automatización del marketing también ayuda a identificar clientes potenciales cualificados, lo que permite a los vendedores dedicar su tiempo a las perspectivas más prometedoras.

Plataformas de videoconferencia y conferencia web: las plataformas de videoconferencia y conferencia web se han convertido en esenciales para el héroe de ventas, especialmente en un escenario de ventas remotas. Con estas herramientas, los vendedores pueden mantener reuniones virtuales con clientes en cualquier parte del mundo, construyendo relaciones más personales y humanas, incluso a distancia. Las presentaciones de vídeo también permiten a los vendedores crear un impacto más significativo y memorable.

Redes sociales y venta social: las redes sociales ofrecen un vasto campo de oportunidades para el héroe de las ventas. La venta social implica el uso estratégico de las redes sociales para conectar con clientes potenciales, crear autoridad e influencia en el mercado y compartir contenidos relevantes que atraigan a clientes potenciales cualificados. Los vendedores pueden utilizar las redes sociales para crear una marca personal sólida y posicionarse como expertos en su campo.

Plataformas de análisis de datos: el héroe de las ventas debe tomar decisiones basadas en datos concretos. Las plataformas de análisis de datos ofrecen información valiosa sobre el comportamiento de los clientes, el rendimiento de las estrategias de ventas y las tendencias del mercado. Esta información permite a los vendedores ajustar su enfoque en función de las necesidades del cliente e identificar oportunidades de crecimiento.

Herramientas de automatización de ventas: las herramientas de automatización de ventas ayudan a los vendedores a optimizar los procesos repetitivos y administrativos, ahorrando tiempo y aumentando la eficiencia. Pueden incluir desde la programación de correos electrónicos hasta el seguimiento automático de clientes potenciales. Al automatizar las tareas rutinarias, los vendedores pueden centrarse en actividades más estratégicas que requieren una interacción directa con el cliente.

Plataformas de comercio electrónico y negocio electrónico: para los vendedores que trabajan en entornos digitales, las plataformas de comercio electrónico y negocio electrónico son esenciales para facilitar el proceso de ventas en línea. Estas herramientas permiten a los vendedores poner a disposición sus productos o servicios de forma práctica y segura, además de ofrecer a los clientes una experiencia de compra agradable.

Aplicaciones de productividad: Las apps de productividad ayudan a los héroes de las ventas a organizar su trabajo, hacer un seguimiento de los objetivos, programar tareas y optimizar su día a día. Desde aplicaciones de gestión de proyectos a aplicaciones de seguimiento del tiempo, estas herramientas ayudan a los vendedores a mantenerse centrados y a mantener la disciplina necesaria para alcanzar sus objetivos.

Herramientas de gamificación: la gamificación es un enfoque divertido y eficaz para motivar al equipo de ventas y alcanzar objetivos. Las herramientas de gamificación animan a los vendedores a alcanzar determinados objetivos mediante competiciones sanas, premios y recompensas, creando un entorno estimulante y productivo.

Software de análisis de ventas y rendimiento: para el héroe de las ventas, medir el rendimiento es esencial para la mejora continua. El software de análisis de ventas permite a los vendedores controlar los indicadores clave de rendimiento, evaluar sus resultados e identificar las áreas que necesitan mejorar. Estas herramientas ayudan a los vendedores a tomar decisiones informadas y a mejorar su enfoque de ventas.

Al dominar las herramientas del héroe de ventas, los profesionales pueden mejorar sus habilidades, optimizar el proceso de ventas y construir relaciones duraderas con los clientes. Mediante el uso estratégico de estas herramientas, los vendedores se vuelven más ágiles, eficientes y proactivos en su camino hacia el éxito. El verdadero héroe de ventas sabe que el conocimiento y el uso inteligente de las herramientas disponibles son clave para destacar en un mercado competitivo y lograr resultados excepcionales. Con un enfoque innovador, combinado con el uso de las mejores herramientas disponibles, el vendedor puede crear un impacto significativo y convertirse en un verdadero héroe de ventas.

Dominar las técnicas de persuasión y negociación

La persuasión y la negociación son habilidades esenciales para el héroe de las ventas. Dominar estas técnicas es clave para ganarse la confianza del cliente, superar las objeciones y cerrar acuerdos con éxito. En este capítulo, exploraremos estrategias eficaces para mejorar las habilidades de persuasión y negociación, lo que permitirá a los vendedores lograr resultados excepcionales y establecer relaciones duraderas con los clientes.

Comprender la psicología de la persuasión: la persuasión es un arte basado en la comprensión de la psicología humana. El héroe de las ventas debe aprender a identificar los desencadenantes emocionales de los clientes y utilizar argumentos persuasivos que resuenen con sus necesidades y deseos. El uso de la prueba social, la autoridad, la escasez y otros principios de la persuasión pueden hacer que las ofertas del vendedor sean más atractivas y convincentes.

Crear un mensaje persuasivo: la comunicación persuasiva es clave para captar la atención y el interés del cliente. El vendedor debe aprender a transmitir su mensaje de forma clara, concisa y convincente, destacando las ventajas exclusivas de su solución y demostrando cómo puede resolver los problemas concretos del cliente. El uso de historias y ejemplos prácticos puede hacer que el mensaje sea más atractivo y memorable.

Desarrollar la empatía y la escucha activa: la empatía es la clave para establecer conexiones genuinas con los clientes. El héroe de las ventas debe escuchar atentamente las necesidades y preocupaciones del cliente, mostrando un interés genuino por sus historias y retos. La escucha activa permite al vendedor identificar oportunidades para personalizar su enfoque de ventas y ofrecer soluciones más acordes con las expectativas del cliente.

Identificar los puntos débiles del cliente: para persuadir eficazmente, el vendedor debe identificar los puntos débiles del cliente y destacar cómo su solución puede aliviar estos problemas. Un conocimiento profundo de los retos a los que se enfrenta el cliente permite al vendedor adaptar su mensaje y sus argumentos para mostrar cómo su oferta puede tener un impacto positivo y aportar resultados reales.

Negociar con técnicas estratégicas: la negociación es un arte que requiere habilidades estratégicas y capacidad para hacer concesiones. El héroe de ventas debe estar preparado para negociar en colaboración, buscando soluciones que satisfagan los intereses de ambas partes. La capacidad de crear valor durante la negociación es esencial para garantizar que el cliente se dé cuenta de la relación coste-beneficio de la oferta presentada.

Superar las objeciones con persuasión: ante las objeciones, el vendedor debe utilizar técnicas persuasivas para responder de forma clara y convincente, convirtiendo las preocupaciones en oportunidades. Utilizar ejemplos de clientes satisfechos, estudios de casos y resultados mensurables puede reforzar la credibilidad del vendedor y demostrar que su solución ya ha tenido éxito en situaciones similares.

Encontrar soluciones beneficiosas para todos: el héroe de ventas debe buscar soluciones beneficiosas para todos, es decir, acuerdos que beneficien tanto al cliente como a la empresa. Al encontrar un punto de equilibrio que satisfaga las necesidades del cliente y los objetivos de ventas, el vendedor construye una relación basada en la confianza y la colaboración mutua.

Hacer frente a tácticas de negociación difíciles: durante la negociación, el vendedor puede encontrarse con tácticas difíciles por parte del cliente. Aprender a identificar y manejar estas tácticas, como las demandas exageradas, las objeciones repetitivas o la presión para obtener descuentos, es esencial para mantener la calma y llevar a cabo la negociación de forma asertiva.

Utilizar el lenguaje corporal en beneficio propio: el lenguaje corporal es una poderosa herramienta de persuasión. El héroe de las ventas debe prestar atención a su postura, expresiones faciales y gestos, asegurándose de que su lenguaje corporal transmite confianza y seguridad. Además, aprender a leer el lenguaje corporal del cliente puede aportar información valiosa sobre sus reacciones e intenciones durante la negociación.

Aprender de cada experiencia: la persuasión y la negociación son habilidades que pueden perfeccionarse con la práctica continua. El héroe de las ventas debe aprender de cada experiencia de venta, analizando sus planteamientos, identificando sus puntos fuertes y sus áreas de mejora, y buscando constantemente la mejora profesional.

La persuasión y la negociación son artes que pueden desarrollarse con dedicación y conocimiento. El héroe de ventas que domina estas técnicas puede establecer relaciones de confianza, superar retos y alcanzar el éxito en las ventas. La combinación de comunicación persuasiva, empatía, habilidades de negociación estratégica y lectura del lenguaje corporal puede impulsar el rendimiento de un vendedor y reforzar su reputación como auténtico héroe de ventas. La práctica constante de estas técnicas, combinada con la búsqueda continua de aprendizaje y mejora, es el camino para convertirse en un maestro del arte de la persuasión y la negociación, abriendo las puertas a importantes oportunidades y logros.

Utilizar la empatía como una poderosa arma de ventas

La empatía es una de las habilidades más poderosas que un héroe de las ventas puede cultivar en su camino hacia el éxito en las ventas. Más que una palabra de moda, la empatía es la capacidad de comprender genuinamente los sentimientos, pensamientos y perspectivas de un cliente. En este capítulo, exploraremos cómo la empatía puede ser un arma poderosa en manos del vendedor, permitiéndole construir relaciones auténticas, ganarse la confianza del cliente y aumentar sus posibilidades de cerrar acuerdos con éxito.

La verdadera empatía en las ventas: la verdadera empatía va más allá de las meras palabras o acciones superficiales. Es una habilidad que nace del corazón y la mente del vendedor, que le permite ponerse en el lugar del cliente de forma sincera y auténtica. Es un ejercicio de escucha activa y comprensión profunda de las necesidades, deseos y preocupaciones del cliente, sin juicios ni suposiciones.

Crear una conexión auténtica: cuando los vendedores muestran una empatía genuina, crean una conexión auténtica con el cliente. Esta conexión es la base para desarrollar una relación sólida y duradera. El cliente se siente valorado y comprendido, lo que hace más probable que se abra y comparta sus verdaderas necesidades e intereses.

Escuchar con empatía: la empatía en las ventas comienza con la práctica de la escucha activa y concentrada. El héroe de las ventas debe dedicar tiempo y atención al cliente, escuchando sus historias, retos y aspiraciones. Esta práctica permite al vendedor identificar oportunidades de personalización y ofrecer soluciones que satisfagan las necesidades específicas del cliente.

Demostrar comprensión y aceptación: una vez que el vendedor ha escuchado atentamente al cliente, es esencial demostrar comprensión y aceptación de sus perspectivas y sentimientos. Esto no significa necesariamente estar de acuerdo con todo lo que dice el cliente, sino más bien validar sus emociones y puntos de vista, mostrando que sus preocupaciones se toman en serio.

Adaptar el enfoque de venta: la empatía permite al vendedor adaptar su enfoque de venta a las preferencias del cliente. Cada cliente es único, y el héroe de las ventas reconoce que un enfoque personalizado es más eficaz que un discurso genérico. La empatía ayuda al vendedor a identificar el estilo de comunicación del cliente y a ajustar su lenguaje para comunicarse con mayor eficacia.

Resolver los problemas con sensibilidad: la empatía es especialmente importante cuando se trata de situaciones delicadas o de objeciones del cliente. En lugar de limitarse a desestimar las preocupaciones del cliente, el vendedor empático trata de entender las razones que hay detrás de las objeciones y trabaja con el cliente para encontrar soluciones que satisfagan sus necesidades.

Generar confianza y fidelidad: la empatía es la base para generar confianza y fidelidad. Cuando el cliente percibe que el vendedor está realmente interesado en su bienestar y su éxito, se siente más inclinado a confiar en él y a continuar la relación más allá de la venta inicial.

Convertir a los clientes en defensores de la marca: los clientes que experimentan empatía por parte del vendedor tienden a convertirse en defensores de la marca. Comparten sus experiencias positivas con otras personas, lo que contribuye a ampliar el alcance de la marca y atraer a nuevos clientes potenciales.

Enfrentarse al rechazo con empatía: el vendedor héroe reconoce que la empatía también es importante a la hora de enfrentarse al rechazo. No todas las negociaciones tendrán éxito, y el vendedor empático no se toma el rechazo como algo personal. Por el contrario, entiende que el cliente puede tener necesidades diferentes y respeta su decisión.

Un círculo virtuoso de empatía: la empatía crea un círculo virtuoso de relaciones sanas y exitosas. A medida que los vendedores practican la empatía con sus clientes, inspiran a otros miembros del equipo de ventas a hacer lo mismo. Este ciclo positivo fomenta una cultura de empatía dentro de la empresa, creando un entorno propicio para el crecimiento y la prosperidad.

La empatía es una de las herramientas más poderosas de que dispone el héroe de las ventas. Refuerza los vínculos con los clientes, aumenta la probabilidad de éxito en las ventas y tiene un impacto positivo tanto en los resultados financieros como en la satisfacción del cliente. La empatía no es sólo una habilidad, sino una mentalidad que impregna todas las interacciones del vendedor. Es un enfoque humano y auténtico que respeta la individualidad del cliente y valora sus experiencias y necesidades.

Al ponerse en el lugar del cliente, el héroe de las ventas demuestra que se compromete a encontrar la mejor solución para sus necesidades, lo que crea una reputación de confianza y respeto. Esta reputación es valiosa porque conduce a referencias positivas, clientes satisfechos y relaciones a largo plazo.

Para desarrollar la empatía como una poderosa arma de ventas, los vendedores deben estar dispuestos a despojarse de prejuicios y estereotipos, practicar la escucha activa y genuina, tratar de conocer profundamente a sus clientes y ponerse en su lugar. La empatía no es algo que pueda simularse; debe cultivarse a partir de una preocupación genuina por el bienestar del cliente y el deseo de ayudarle a alcanzar sus objetivos.

Con la empatía como guía, el vendedor puede convertirse en un valioso aliado del cliente, ofreciéndole soluciones realmente personalizadas y acordes con sus necesidades. La empatía también permite al vendedor anticiparse a los problemas y ofrecer un apoyo proactivo al cliente, convirtiéndose en una fuente fiable de orientación y asesoramiento.

La empatía es la clave para abrir la puerta del corazón del cliente. Es lo que convierte al vendedor héroe en algo más que un vendedor corriente: se convierte en un socio fiable y compasivo, dispuesto a caminar junto al cliente hacia el éxito. Con la empatía como aliada, el vendedor héroe puede enfrentarse a cualquier reto de ventas, creando relaciones auténticas, cerrando tratos significativos y dejando un legado de satisfacción y éxito duradero.

LA ÉTICA DEL HÉROE DE LAS VENTAS

En este capítulo exploraremos uno de los pilares fundamentales del héroe de las ventas: la ética. Ser un vendedor de éxito no consiste sólo en cerrar tratos y alcanzar objetivos, sino también en actuar con integridad, transparencia y respeto por los clientes y las relaciones comerciales. El héroe de las ventas entiende que su reputación es su activo más valioso y que la base de un éxito sostenible se fundamenta en prácticas éticas.

El código de conducta del héroe de ventas: el héroe de ventas adopta un código de conducta ética que guía sus acciones en todas las interacciones con clientes, colegas y socios comerciales. Este código incluye principios como la honestidad, el respeto, la responsabilidad y la transparencia. El héroe de las ventas entiende que la ética es la base para crear confianza, credibilidad y relaciones a largo plazo.

Transparencia en todas las fases de la venta: el héroe de las ventas no oculta información importante ni utiliza tácticas manipuladoras para obtener ventaja. Al contrario, valora la transparencia en cada fase de la venta, desde la presentación de la oferta hasta las condiciones de pago. La transparencia permite al cliente tomar decisiones con conocimiento de causa, creando una relación de confianza mutua.

Respeto de la autonomía del cliente: el cliente es el protagonista de su viaje de compra, y el héroe de ventas respeta su autonomía y capacidad de decisión. No impone sus opiniones ni intenta influir en el cliente más allá de lo necesario. En su lugar, el héroe de ventas está dispuesto a ser un guía y facilitador, ayudando al cliente a tomar la mejor decisión para sus necesidades.

Evitar prácticas engañosas: el héroe de las ventas rechaza las prácticas engañosas o deshonestas que puedan perjudicar al cliente o comprometer su propia integridad. No promete lo que no puede cumplir ni utiliza información falsa para manipular al cliente. En su lugar, el héroe de las ventas busca construir relaciones genuinas basadas en la verdad y la confianza.

Respeto por la competencia y la propiedad intelectual: la ética del héroe de las ventas también se extiende a las relaciones con la competencia y la propiedad intelectual. No difama ni denigra a sus competidores, sino que compite de forma justa y ética. Además, el héroe de las ventas respeta los derechos de propiedad intelectual de otras empresas y no utiliza información confidencial o protegida sin permiso.

Compromiso con la excelencia en la atención al cliente: el héroe de ventas está comprometido con la excelencia en la atención al cliente. Esto significa estar disponible para responder preguntas, proporcionar asistencia posventa y asegurarse de que el cliente está satisfecho con su compra. El héroe de las ventas entiende que la excelencia en el servicio es esencial para construir una reputación sólida y fomentar la lealtad del cliente.

Responsabilidad social del héroe de las ventas: el héroe de las ventas no sólo busca el éxito individual, sino que también se preocupa por el impacto social y medioambiental de sus acciones. Adoptan prácticas responsables que tienen en cuenta el bienestar de la comunidad y el medio ambiente. El héroe de ventas puede, por ejemplo, promover productos o servicios que sean sostenibles o contribuyan a causas sociales relevantes.

Uso ético de los datos y la información: el héroe de las ventas respeta la privacidad del cliente y utiliza los datos personales y la información de forma responsable. Protege la confidencialidad de la información del cliente y no la utiliza de forma inadecuada o con fines no autorizados.

El valor de actuar éticamente: la ética del héroe de las ventas requiere el valor de tomar las decisiones correctas, incluso cuando se enfrenta a presiones o tentaciones de actuar de forma poco ética. El héroe de las ventas entiende que la ética es un valor intrínseco, no sólo un medio para alcanzar un fin.

La satisfacción de ser un héroe de ventas ético: el héroe

de ventas encuentra satisfacción en saber que sus prácticas éticas contribuyen a construir una carrera sólida, relaciones de confianza y una reputación de excelencia. Entienden que ser un héroe de ventas ético es un viaje continuo de autodesarrollo y mejora, que les guía hacia un éxito duradero y significativo.

La ética es la brújula que dirige al héroe de ventas en su viaje por las ventas. Es la base de las relaciones auténticas, la confianza del cliente y el éxito sostenible. El héroe de las ventas comprende que sus acciones tienen un impacto no sólo en su propia carrera, sino también en la sociedad y el medio ambiente. Se enorgullece de actuar con integridad, respeto y responsabilidad, y ve en la ética una fuente de fuerza e inspiración para afrontar los retos y lograr resultados excepcionales. Con la ética como aliada, el héroe de las ventas está preparado para afrontar el futuro con confianza, determinación y el compromiso de marcar una diferencia positiva y ética en el mundo de las ventas.

Practicar la honestidad y la transparencia para generar confianza

La honestidad y la transparencia son pilares fundamentales de la ética del héroe de ventas. En este capítulo, exploraremos la importancia de estas cualidades y cómo pueden utilizarse como poderosas herramientas para crear y reforzar la confianza con los clientes.

La base de la confianza: la confianza es la base de cualquier relación sólida, incluidas las relaciones comerciales. El héroe de las ventas entiende que, para ganarse la confianza del cliente, es esencial ser honesto y transparente en cada interacción. La honestidad crea una atmósfera de sinceridad y autenticidad, mientras que la transparencia demuestra franqueza y respeto por el cliente.

La importancia de la integridad: la honradez y la transparencia están intrínsecamente ligadas a la integridad del héroe de las ventas. Éste entiende que sus acciones deben estar en consonancia con sus valores y principios éticos. La integridad es lo que hace que sus palabras sean dignas de confianza y que sus promesas se cumplan, generando respeto y admiración por parte del cliente.

Honestidad en las ofertas y propuestas: el héroe de ventas nunca exagera ni distorsiona la información para hacer más atractivas sus ofertas. Ofrece soluciones realistas y honestas, acordes con las necesidades y expectativas del cliente. La transparencia es un poderoso aliado en este proceso, ya que permite al cliente entender exactamente lo que se le ofrece y cómo satisface sus demandas.

Abordar las limitaciones y los retos: el héroe de ventas también es transparente sobre las limitaciones y los retos del producto o servicio que ofrece. No trata de ocultar posibles problemas o deficiencias, sino que presenta una visión realista, destacando también los beneficios y ventajas que obtendrá el cliente. Este enfoque honesto ayuda al cliente a tomar decisiones con conocimiento de causa y reduce la probabilidad de sorpresas desagradables en el futuro.

El impacto de la transparencia en la relación de confianza: practicar la transparencia tiene un efecto positivo en la relación de confianza entre el héroe de ventas y el cliente. Cuando el cliente ve que el vendedor es abierto y honesto en cada etapa de la venta, se siente más seguro y cómodo compartiendo sus preocupaciones y dudas. Esta comunicación abierta y honesta refuerza la conexión entre las partes, facilitando el entendimiento mutuo y construyendo una relación a largo plazo.

El valor de la honestidad en las negociaciones: la honestidad también es esencial en las negociaciones con los clientes. El vendedor heroico no hace promesas vacías ni ofrece condiciones que no puede cumplir. Es transparente en cuanto a limitaciones y plazos, y siempre intenta encontrar un equilibrio beneficioso para ambas partes. Esta actitud franca demuestra respeto por el cliente y establece un terreno fértil para construir alianzas duraderas.

Generar confianza después de la venta: la honestidad y la transparencia no terminan cuando se cierra la venta. El héroe de las ventas sigue practicando estas cualidades en la asistencia posventa, cumpliendo lo acordado y garantizando la satisfacción del cliente con la compra. La confianza generada durante la venta se extiende a la relación continua con el cliente, fomentando la lealtad y las recomendaciones positivas a otras personas.

La ética como diferenciador competitivo: en el competitivo mundo de las ventas, la ética del vendedor se convierte en un poderoso diferenciador. Los clientes valoran la honestidad y la transparencia, y es más probable que elijan a proveedores que demuestren estas cualidades. Además, la reputación ética del héroe de ventas atrae a clientes potenciales y refuerza la marca de la empresa.

La responsabilidad del héroe de ventas: el héroe de ventas entiende que actuar éticamente no es sólo una elección, sino una responsabilidad. Reconoce el impacto de sus acciones en los clientes, la empresa y la sociedad en su conjunto. Esta conciencia les motiva a actuar con integridad, incluso cuando se enfrentan a presiones o tentaciones de actuar de forma menos ética.

Un compromiso permanente: practicar la honestidad y la transparencia es un compromiso permanente para el héroe de las ventas. Sabe que la ética no es un objetivo único, sino un viaje de autodesarrollo y mejora constante. El héroe de las ventas siempre busca mejorar, aprendiendo de sus experiencias y esforzándose por ser el mejor profesional posible.

La honradez y la transparencia son cualidades esenciales del héroe de las ventas. Generan confianza, fortalecen las relaciones y generan resultados sostenibles en el mundo de las ventas. El héroe de las ventas comprende que, aunque pueda surgir la tentación de adoptar prácticas menos éticas, es la elección de la integridad lo que le convierte en un verdadero héroe de las ventas. La práctica continua de la honestidad y la transparencia es un viaje de autodescubrimiento y crecimiento, que le guía hacia un éxito duradero y significativo en su carrera como vendedor.

Cultivar relaciones duraderas con los clientes

El héroe de ventas entiende que las ventas no consisten sólo en cerrar acuerdos momentáneos, sino también en construir relaciones duraderas con los clientes. En este capítulo, exploraremos la importancia de cultivar estos vínculos y cómo el héroe de las ventas puede convertir a los clientes en socios leales a lo largo del tiempo.

La visión más allá del corto plazo: mientras que algunos vendedores se centran únicamente en alcanzar objetivos inmediatos, el héroe de ventas adopta una perspectiva a largo plazo. Comprenden que el verdadero éxito en las ventas reside en construir relaciones sólidas y sostenibles que generen beneficios para el cliente y la empresa a lo largo del tiempo.

Escuchar como herramienta poderosa: el héroe de las ventas entiende que la escucha activa es la base para comprender las necesidades y deseos del cliente. No sólo escucha lo que se dice, sino que también trata de entender lo que no se dice. Esta habilidad para escuchar en profundidad permite al héroe de las ventas ofrecer soluciones verdaderamente personalizadas, reforzando la conexión con el cliente.

La importancia del seguimiento: el héroe de ventas no pone fin a la relación con el cliente una vez realizada la venta. Al contrario, realiza un seguimiento continuo, asegurándose de que el cliente está satisfecho con la compra y ofreciéndole apoyo siempre que sea necesario. El seguimiento demuestra al cliente que se le valora y que el héroe de ventas se compromete a ayudarle a que su compra sea un éxito.

La práctica de una comunicación coherente: el héroe de ventas entiende que la comunicación es esencial para mantener relaciones sanas. Mantiene una comunicación coherente y relevante con el cliente, ya sea a través de llamadas, correos electrónicos o reuniones cara a cara. Esta comunicación no se limita a ofertas comerciales, sino que también incluye información útil, consejos y contenidos que puedan aportar valor al cliente.

La empatía como herramienta de conexión: la empatía es una poderosa habilidad que el héroe de ventas utiliza para conectar realmente con el cliente. Intentan comprender las experiencias, los retos y los objetivos del cliente, y actúan como un socio realmente interesado en su éxito. Esta conexión emocional refuerza los lazos con el cliente y crea una relación de confianza mutua.

Ofrecer soluciones continuas: el héroe de las ventas no ve la venta como el final de la relación, sino como el principio de una asociación duradera. Intenta ofrecer continuamente soluciones que satisfagan las necesidades cambiantes del cliente. Esto puede implicar actualizaciones de productos o servicios, nuevas ofertas alineadas con los objetivos del cliente o incluso sugerencias para mejorar su proceso empresarial.

Resolver problemas con agilidad: ninguna relación está exenta de problemas. El héroe de las ventas ve los retos como oportunidades para demostrar su dedicación al cliente. Aborda los problemas con agilidad, buscando soluciones rápidas y eficaces. La forma en que el héroe de ventas afronta la adversidad puede ser un factor decisivo para fortalecer la relación y consolidar la confianza del cliente.

Celebrar juntos los logros: el héroe de ventas celebra los logros del cliente como si fueran propios. Comparte la alegría del cliente en los momentos de éxito y reconocimiento. Esta celebración conjunta fortalece el sentimiento de asociación y refuerza el vínculo emocional entre el héroe de ventas y el cliente.

La importancia de la flexibilidad: cada cliente es único, con necesidades y preferencias individuales. El héroe de ventas comprende la importancia de ser flexible y adaptarse al estilo y ritmo de cada cliente. Está dispuesto a personalizar su enfoque y su oferta para adaptarse a las particularidades de cada situación.

La satisfacción de las relaciones a largo plazo: el héroe de las ventas encuentra satisfacción y realización en cultivar relaciones a largo plazo con los clientes. Estas relaciones duraderas no sólo generan resultados financieros positivos, sino que también proporcionan la sensación de estar cumpliendo una misión: ayudar a los clientes a alcanzar sus objetivos y superar sus retos.

La capacidad del héroe de ventas para cultivar relaciones duraderas con los clientes es esencial para el éxito a largo plazo en el mundo de las ventas. La práctica de la honestidad, la empatía, la escucha activa y la comunicación coherente es lo que permite al héroe de las ventas establecer conexiones genuinas con los clientes, construyendo una base sólida de confianza y lealtad. Estas alianzas duraderas no sólo impulsan el crecimiento del negocio, sino que también aportan significado y satisfacción al héroe de las ventas, que se siente realizado construyendo relaciones valiosas y duraderas con aquellos a los que sirve.

SUPERACIÓN Y AUTOSUPERACIÓN

El héroe de ventas se enfrenta a retos constantes en su viaje por el mundo de las ventas. En este capítulo, exploraremos la importancia de la superación y la autosuperación para el éxito del héroe de ventas. Entenderemos cómo afrontan la adversidad, buscan la mejora continua y convierten los obstáculos en oportunidades de crecimiento.

La mentalidad del héroe: el héroe de ventas adopta una mentalidad resistente cuando se enfrenta a los retos. Comprenden que, como en cualquier viaje heroico, se enfrentarán a obstáculos y contratiempos. Sin embargo, su actitud positiva y su determinación le impulsan a seguir adelante, incluso ante las dificultades.

Convertir los retos en oportunidades: mientras que algunos vendedores pueden desanimarse por los rechazos o los objetivos incumplidos, el vendedor heroico ve estas situaciones como oportunidades para aprender y crecer. Analiza los retos, identifica las lecciones que se pueden aprender y trata de mejorar sus estrategias para el futuro.

Aprender de los fracasos: el héroe de las ventas no tiene miedo al fracaso, ya que entiende que forma parte del proceso de crecimiento. Ve los fracasos como valiosas oportunidades de aprendizaje. Cada derrota es una oportunidad para analizar sus errores, mejorar sus habilidades y hacerse más fuerte para las siguientes batallas comerciales.

Establecer objetivos desafiantes: para el héroe de las ventas, la superación no consiste sólo en alcanzar las metas fijadas, sino también en establecer objetivos desafiantes. Busca constantemente elevar el nivel de sus aspiraciones y se esfuerza por alcanzar cotas cada vez más altas en su carrera. Esta búsqueda incesante por superar sus propios límites es lo que impulsa su crecimiento profesional.

La importancia del autodesarrollo: el héroe de las ventas busca constantemente el autodesarrollo. Reconoce que, para superar los obstáculos y destacar en el mercado, es esencial mejorar sus habilidades, conocimientos y competencias. Invertir en formación, lecturas y cualificaciones es una práctica recurrente para el héroe de las ventas.

Cultivar la resiliencia emocional: la resiliencia emocional es una de las principales características del héroe de ventas. Comprenden que el campo de las ventas puede ser desafiante, con altibajos emocionales. Por eso desarrollan habilidades para lidiar con el estrés, la presión y la incertidumbre, manteniéndose firmes y equilibrados incluso en las situaciones más difíciles.

Buscar apoyo y colaboración: el héroe de las ventas no se enfrenta solo a la adversidad. Busca apoyo y colaboración dentro del equipo de ventas, compartiendo experiencias, ideas y estrategias. El intercambio de conocimientos y la colaboración mutua fortalecen no sólo al héroe de ventas, sino a todo el equipo, que se vuelve más resistente y capaz de superar los retos de forma colectiva.

Adoptar la persistencia: la persistencia es una virtud indispensable del héroe de ventas. No se acobardan ante un "no" y no se rinden fácilmente. El héroe de ventas entiende que las ventas son un viaje continuo y que cada nuevo contacto es una nueva oportunidad de ganar un cliente. Su persistencia les impulsa a seguir adelante, incluso cuando parecen existir obstáculos insalvables.

Celebrar las victorias: al igual que el héroe de las ventas se enfrenta a los retos, también celebra las victorias con entusiasmo y gratitud. Con cada trato cerrado, objetivo alcanzado y cliente satisfecho, celebra el fruto de su esfuerzo y dedicación. Esta celebración no sólo refuerza su motivación, sino que mantiene vivo el placer de trabajar en el mundo de las ventas.

La superación como forma de vida: para el héroe de las ventas, la superación no es sólo un objetivo a alcanzar, sino una forma de vida. Entiende que el camino hacia el éxito es un viaje continuo de aprendizaje, crecimiento y mejora. La superación es lo que impulsa al héroe de las ventas a aceptar cada nuevo reto, confiado en su capacidad para ser cada vez mejor en su profesión.

La superación y la autosuperación son fundamentales para que el héroe de las ventas alcance el éxito en ventas. Afronta los retos con resiliencia, aprende de los fracasos, se fija objetivos desafiantes y busca constantemente mejorar sus habilidades. El héroe de las ventas ve cada obstáculo como una oportunidad de crecimiento, que le convierte no sólo en un profesional más competente, sino también en un ser humano más resistente, motivado e inspirador para quienes le rodean. Su incesante búsqueda de la superación es lo que le convierte en un auténtico héroe de las ventas.

Aprender de sus errores y esforzarse por evolucionar constantemente

El héroe de las ventas entiende que, como en cualquier viaje de crecimiento, los errores son valiosas oportunidades de aprendizaje y desarrollo. En este capítulo, exploraremos la importancia de reconocer y aprender de los propios errores, así como la búsqueda continua de la evolución como profesional de las ventas.

Autocrítica constructiva: el héroe de las ventas tiene el valor de mirarse a sí mismo con honestidad y autocrítica. Comprende que nadie es perfecto y que comete errores, pero ve estas situaciones como oportunidades para crecer. La autocrítica constructiva permite al héroe de ventas identificar puntos de mejora en sus enfoques de ventas y buscar soluciones para mejorar su rendimiento.

Convertir los errores en oportunidades de aprendizaje: el héroe de ventas entiende que los errores no son fracasos definitivos, sino oportunidades de aprendizaje. Analiza cada situación en la que algo no ha salido como esperaba e intenta comprender qué podría haberse hecho de forma diferente. Esta profunda reflexión permite al héroe de las ventas extraer valiosas lecciones y aplicarlas en sus futuras interacciones con los clientes.

Adoptar una mentalidad de crecimiento: la mentalidad de crecimiento es un pilar fundamental para el héroe de ventas. Creen que sus habilidades y competencias pueden mejorar con el tiempo a través del esfuerzo y la dedicación. Esta mentalidad les impulsa a afrontar retos y a tratar de evolucionar constantemente como profesionales de las ventas.

Buscar opiniones externas: el héroe de las ventas no tiene miedo de buscar opiniones externas, ya sean de compañeros, jefes o clientes. Entienden que recibir diferentes perspectivas es valioso para identificar puntos ciegos y oportunidades de crecimiento. El feedback es una poderosa herramienta que el héroe de las ventas utiliza para mejorar sus habilidades y ofrecer un servicio al cliente aún más eficaz.

Valorar la experimentación: el héroe de las ventas no tiene miedo de probar nuevos enfoques y estrategias. Entiende que la experimentación es una forma de descubrir lo que funciona mejor para él y para sus clientes. Aunque algunos intentos no tengan el resultado esperado, el héroe de las ventas valora la experiencia adquirida y cree que cada intento le acerca más a la excelencia en las ventas.

El aprendizaje como proceso continuo: para el héroe de las ventas, el aprendizaje es un proceso continuo que no tiene fin. Busca constantemente cursos, formación y materiales que puedan ampliar sus conocimientos y mejorar sus habilidades de venta. El héroe de ventas entiende que la evolución constante es lo que le mantiene competitivo y relevante en el mercado.

Persistencia en la búsqueda de la evolución: el héroe de las ventas no se conforma con el statu quo. Persiste en la búsqueda de la evolución, incluso cuando los retos parecen difíciles de superar. La determinación del héroe de ventas le impulsa a seguir aprendiendo y desarrollándose, incluso frente a obstáculos aparentemente insuperables.

Compartir conocimientos con el equipo: el héroe de ventas no se guarda para sí sus experiencias de aprendizaje. Comparte sus lecciones y conocimientos con el equipo, creando un entorno de colaboración y crecimiento mutuo. El intercambio de aprendizaje entre los miembros del equipo fortalece al grupo en su conjunto y permite que todos evolucionen juntos.

Aprender del éxito: el héroe de las ventas entiende que el éxito es también una fuente de aprendizaje. Analiza sus mejores logros, intentando comprender qué estrategias y enfoques fueron los responsables de estos resultados positivos. Aprender del éxito es tan importante como aprender de los errores, ya que permite al héroe de las ventas reproducir sus mejores prácticas en otras situaciones.

El viaje como recompensa: para el héroe de las ventas, la búsqueda constante de la evolución es gratificante en sí misma. Cada nueva habilidad adquirida, cada lección aprendida de los errores, cada paso hacia la excelencia en las ventas es una valiosa recompensa. El viaje de superación personal es lo que motiva al héroe de las ventas a seguir apasionado por su profesión y a aspirar a un futuro exitoso y satisfactorio.

Aprender de sus errores y esforzarse constantemente por evolucionar son características centrales del héroe de las ventas. No se dejan abrumar por los retos, sino que los ven como oportunidades de crecimiento. La búsqueda continua del autodesarrollo, combinada con la humildad de reconocer que siempre hay algo nuevo que aprender, es lo que permite al héroe de ventas ser cada vez más competente, eficiente e inspirador en su viaje de ventas. La superación personal es lo que le mantiene siempre en la búsqueda de la excelencia, permitiéndole no sólo alcanzar el éxito en las ventas, sino también disfrutar de la realización personal y profesional que sólo puede proporcionar la evolución constante.

Gestionar el estrés y la presión del día a día en las ventas

La vida diaria en las ventas es dinámica y desafiante, llena de objetivos, plazos y expectativas que cumplir. En este capítulo, hablaremos de la importancia de gestionar el estrés y la presión para el héroe de las ventas, y de cómo pueden mantener el equilibrio emocional y un rendimiento excepcional incluso en los momentos más intensos.

Reconocer los signos del estrés: el héroe de las ventas comprende que el estrés es una respuesta natural del cuerpo a las exigencias de la vida cotidiana. Aprende a reconocer los signos del estrés, como la tensión muscular, la irritabilidad, la dificultad para dormir y la falta de concentración. Al identificar estos signos a tiempo, el héroe de las ventas puede adoptar estrategias de gestión antes de que el estrés se convierta en perjudicial para su rendimiento.

Practicar el autocuidado: el héroe de las ventas reconoce la importancia del autocuidado para hacer frente al estrés y la presión. Dedica tiempo a actividades que le proporcionan placer y relajación, como el ejercicio físico, la meditación, la lectura o los pasatiempos. El autocuidado es esencial para recargar energía y mantener la mente y el cuerpo sanos, lo que permite al héroe de las ventas afrontar los retos de la vida diaria con mayor equilibrio emocional.

Establecer límites: el héroe de las ventas entiende que establecer límites es fundamental para evitar la sobrecarga de trabajo y el consiguiente aumento del estrés. Establece momentos para dedicar a actividades profesionales y momentos para el descanso y el ocio. Al establecer límites claros, el héroe de las ventas evita el agotamiento físico y mental, garantizando su productividad y eficacia a largo plazo.

Centrarse en la gestión del tiempo: el héroe de las ventas sabe que el tiempo es un recurso valioso y escaso. Intenta mejorar sus habilidades de gestión del tiempo para evitar la sensación de ir siempre a contrarreloj. El héroe de las ventas establece prioridades, organiza sus tareas y evita la procrastinación, optimizando su tiempo y reduciendo el estrés relacionado con la falta de tiempo para cumplir con sus obligaciones.

Encontrar apoyo en el equipo: el héroe de las ventas busca apoyo en el equipo cuando se siente abrumado o se enfrenta a situaciones estresantes. La colaboración con compañeros y jefes permite al héroe de las ventas compartir responsabilidades, recibir ayuda en los momentos difíciles y sentirse respaldado en un entorno de apoyo mutuo.

Resiliencia emocional: la resiliencia emocional es una competencia clave para que el héroe de las ventas pueda hacer frente al estrés y a la presión diaria. Comprenden que no siempre tendrán el control sobre las situaciones externas, pero sí pueden controlar su respuesta emocional ante ellas. El héroe de las ventas desarrolla las habilidades necesarias para enfrentarse a la adversidad de forma saludable, encontrando soluciones y manteniéndose firme ante los retos.

Buscar momentos de descanso: el héroe de las ventas entiende que los momentos de descanso son esenciales para recargar las pilas y aumentar su productividad. Valora las pausas durante la jornada laboral para relajarse y alejarse de las exigencias del negocio. Estos momentos de descanso permiten al héroe de las ventas reanudar sus actividades con más concentración y disposición.

Mantener una perspectiva positiva: el héroe de las ventas practica el pensamiento positivo incluso ante los retos y las presiones. Comprenden que la perspectiva desde la que ven las situaciones puede influir en su respuesta emocional. Al mantener una perspectiva optimista, el héroe de las ventas se vuelve más resistente y capaz de encontrar soluciones creativas a los problemas.

Desarrollar estrategias de relajación: el héroe de las ventas adopta estrategias de relajación para liberarse del estrés acumulado. Puede recurrir al ejercicio físico, la respiración profunda, las técnicas de relajación o incluso hablar con sus colegas sobre sus preocupaciones. Estas estrategias permiten al héroe de las ventas encontrar alivio emocional y mantener el equilibrio en momentos de presión.

Aprender de las experiencias estresantes: el héroe de las ventas entiende que las experiencias estresantes son valiosas oportunidades de aprendizaje. Reflexiona sobre cómo ha manejado estas situaciones, identifica lo que ha funcionado y lo que podría mejorarse. A partir de estas reflexiones, el héroe de las ventas desarrolla habilidades para gestionar el estrés de forma cada vez más eficaz y positiva.

El héroe de las ventas comprende la importancia de gestionar el estrés y la presión de las ventas cotidianas. Reconoce las señales de estrés, practica el autocuidado, establece límites, busca el apoyo del equipo, desarrolla la resiliencia emocional y adopta estrategias de relajación. El héroe de las ventas comprende que la gestión del estrés es fundamental para un rendimiento excepcional y para mantener el equilibrio emocional en su viaje por el mundo de las ventas.

INSPIRAR A UN EQUIPO DE HÉROES DE LAS VENTAS

Al igual que el héroe de ventas es capaz de conquistar el mercado con su valentía y sus excepcionales habilidades, inspirar a un equipo de héroes de ventas es clave para lograr resultados extraordinarios. En este capítulo, exploraremos estrategias y prácticas para los líderes de ventas que quieran impulsar el potencial de su equipo motivándoles para que actúen como verdaderos héroes de las ventas.

Establecer una visión inspiradora: el líder de ventas debe establecer una visión inspiradora para el equipo, presentando una imagen clara del futuro deseado. La visión debe ser estimulante y estar en consonancia con los valores y objetivos de la organización, motivando a cada miembro del equipo para que se esfuerce más allá de sus límites en pos de este propósito mayor.

Cultivar una cultura de héroes de las ventas: una cultura de empresa que celebre y valore el espíritu heroico de los vendedores es esencial para inspirar al equipo. El líder debe fomentar una cultura de reconocimiento, en la que se celebren públicamente los esfuerzos y logros de los vendedores, animándoles a asumir una identidad heroica en sus actividades diarias.

Identificar y desarrollar el talento: el líder de ventas debe conocer al equipo individualmente, identificando los puntos fuertes y las áreas de mejora de cada vendedor. Invertir en el desarrollo de las habilidades de venta es crucial para capacitar a los miembros del equipo para que alcancen todo su potencial, convirtiéndolos en verdaderos héroes en sus especialidades.

Establecer objetivos desafiantes y realistas: unos objetivos desafiantes pero alcanzables animan al equipo a superar sus propios límites y a perseguir el heroísmo de las ventas. El líder debe implicar a los vendedores en la fijación de los objetivos, asegurándose de que están comprometidos y motivados para alcanzarlos.

Comunicar con inspiración: el líder de ventas debe dominar el arte de la comunicación inspiradora. Es esencial transmitir la visión, los objetivos y los valores del equipo con entusiasmo y claridad, estimulando la pasión de los vendedores por su trabajo y un sentido de propósito en sus acciones.

Fomentar la colaboración y el compañerismo: el espíritu de equipo es clave para inspirar a un equipo de héroes de las ventas. El líder debe fomentar la colaboración, el intercambio de conocimientos y la cooperación entre los miembros del equipo, creando un entorno de apoyo mutuo y compañerismo.

Dar autonomía a los vendedores para que tomen decisiones: dar autonomía a los vendedores para que tomen decisiones es una forma de darles autonomía y animarles a asumir un papel protagonista en sus actividades. El líder debe confiar en la capacidad del equipo y animarles a tomar decisiones informadas, proporcionándoles un sentido de responsabilidad y compromiso.

Reconocer y celebrar los logros: el reconocimiento es una poderosa herramienta de motivación. El líder de ventas debe reconocer públicamente los logros individuales y colectivos del equipo, proporcionando un sentido de aprecio y recompensa por los esfuerzos heroicos hacia los resultados comerciales.

Promover el desarrollo profesional: el líder de ventas debe invertir en el desarrollo continuo del equipo, ofreciendo formación, talleres y oportunidades de aprendizaje. Un vendedor en constante evolución tiene más confianza en sí mismo, es más resistente y está dispuesto a afrontar los retos como un verdadero héroe.

Liderar con empatía e integridad: la empatía y la integridad son valores esenciales para inspirar a un equipo de héroes de las ventas. El líder debe ser un ejemplo de conducta ética y comprensión, y estar siempre ahí para apoyar a los vendedores en su trayectoria profesional y personal.

Inspirar a un equipo de héroes de las ventas requiere un liderazgo visionario, cultivar una cultura de héroes, reconocer y desarrollar continuamente el talento, inspirar la comunicación y la empatía. El líder de ventas que adopta estas prácticas empodera al equipo, animándoles a actuar con valentía, determinación y excelencia en sus actividades comerciales. Al transformar al equipo en un grupo de héroes de ventas, el líder impulsa la productividad y los resultados, alcanzando nuevas cotas de éxito y conquistando el mercado con un equipo unido y motivado para superar cualquier reto.

Liderar con el ejemplo y motivar al equipo hacia el éxito

El liderazgo es una habilidad fundamental para inspirar y motivar a un equipo de vendedores hacia el éxito. En este capítulo, exploraremos la importancia de liderar con el ejemplo, demostrando valentía, resistencia e integridad, y cómo esto repercute positivamente en el rendimiento del equipo. Además, hablaremos de estrategias para motivar a los vendedores, animándoles a actuar como verdaderos héroes de las ventas.

El poder del ejemplo en el liderazgo: un líder inspirador es aquel que practica lo que predica. Liderar con el ejemplo significa estar alineado con los valores de la empresa, mostrando integridad, honestidad y compromiso en todas las acciones. Un líder que vive los principios que enseña se gana el respeto y la confianza del equipo, convirtiéndose en un modelo a seguir.

Cultivar la confianza del equipo: la confianza es la base de un equipo sólido y motivado. El líder debe mostrar confianza en la capacidad de cada vendedor, delegando responsabilidades y permitiéndoles asumir retos. Al mostrar confianza, el líder fomenta el crecimiento profesional de los vendedores, permitiéndoles desarrollar sus habilidades y convertirse en héroes de las ventas.

Crear un entorno propicio: el líder debe crear un entorno propicio y alentador en el que los vendedores se sientan seguros para expresar sus ideas, hacer preguntas y compartir sus preocupaciones. Un entorno positivo refuerza el sentimiento de pertenencia al equipo y fomenta la colaboración.

Reconocer y valorar los logros: el reconocimiento es una poderosa herramienta para motivar al equipo. El líder debe reconocer y valorar los logros individuales y colectivos, alabando el esfuerzo y el rendimiento de los vendedores. El reconocimiento público refuerza la autoestima de los vendedores, animándoles a buscar constantemente la excelencia en sus actividades.

Establecer objetivos ambiciosos: el líder debe fijar objetivos ambiciosos pero realistas para el equipo. Los objetivos ambiciosos animan a los vendedores a salir de su zona de confort, buscar nuevos retos y lograr resultados excepcionales. El líder debe apoyar y guiar al equipo en su camino hacia la consecución de estos objetivos, poniéndose a su disposición para ayudarles en lo que necesiten.

Promover el desarrollo profesional: un líder comprometido con el desarrollo de su equipo invierte en formación, talleres y oportunidades de aprendizaje. El líder debe animar a los vendedores a buscar constantemente la mejora de sus habilidades, estando cada vez más preparados para afrontar los retos de las ventas.

Compartir historias de éxito: las historias de éxito son fuentes de inspiración para el equipo. El líder puede compartir historias de vendedores que han superado obstáculos, ganado clientes importantes o logrado resultados sorprendentes. Estas historias motivan al equipo y demuestran que el éxito es alcanzable con esfuerzo y dedicación.

Fomentar la autonomía y la creatividad: el líder debe fomentar la autonomía y la creatividad de los vendedores, permitiéndoles tomar decisiones y encontrar soluciones innovadoras a los retos cotidianos. La libertad de acción y la búsqueda de soluciones creativas empodera a los vendedores, haciéndoles más comprometidos y confiados en sus actividades.

Ser mentor y entrenador: un líder verdaderamente inspirador es también mentor y entrenador de su equipo. El líder debe estar disponible para guiar, dar feedback constructivo y apoyar a los vendedores en su desarrollo profesional. El papel del líder como mentor es fundamental para el crecimiento individual y colectivo del equipo.

Celebrar el trabajo en equipo: por último, el líder debe valorar el trabajo en equipo y celebrar los logros colectivos. Reconocer la importancia de la colaboración y el apoyo mutuo motiva a los vendedores a aunar esfuerzos en pos de objetivos comunes.

Liderar con el ejemplo y motivar al equipo para que tenga éxito es una combinación de actitudes y prácticas que refuerzan la cultura corporativa y el rendimiento del equipo de ventas. El líder inspirador es el que predica con el ejemplo, cultivando la confianza del equipo, reconociendo y valorando los logros, estableciendo objetivos desafiantes, promoviendo el desarrollo profesional y fomentando la autonomía y la creatividad. Con un líder inspirador al timón, el equipo se involucra más, se motiva y se compromete a actuar como verdaderos héroes de las ventas, logrando resultados extraordinarios y triunfando constantemente.

Crear una cultura de excelencia en las ventas

Una cultura de excelencia en las ventas es la base para impulsar el rendimiento del equipo y lograr resultados excepcionales de forma constante. En este capítulo, exploraremos la importancia de crear una cultura de empresa centrada en la búsqueda de la excelencia en cada etapa del proceso de ventas. Desde la contratación de nuevos vendedores hasta la celebración de los logros, una cultura de excelencia impregna todas las acciones del equipo, inspirándoles a actuar como verdaderos héroes de las ventas.

Definir la visión y los valores de una cultura de excelencia: el primer paso para crear una cultura de excelencia es definir la visión y los valores que guiarán las acciones del equipo de ventas. La visión debe ser ambiciosa e inspiradora, mostrando el nivel de excelencia que el equipo pretende alcanzar. Los valores deben reflejar los principios éticos y de comportamiento que guiarán las decisiones y actitudes de los vendedores.

Contratar a los héroes adecuados: una cultura de excelencia comienza con la contratación. El líder de ventas debe buscar talentos que estén alineados con la visión y los valores del equipo, buscando vendedores comprometidos, resistentes y decididos a alcanzar la excelencia en sus actividades.

Establecer objetivos desafiantes: Los objetivos desafiantes empujan al equipo a salir de su zona de confort y a esforzarse constantemente por superarse. El líder debe establecer objetivos ambiciosos pero realistas que motiven a los vendedores a dar lo mejor de sí mismos en la búsqueda del éxito.

Promover el aprendizaje continuo: una cultura de excelencia valora el aprendizaje continuo. El líder debe fomentar la participación en cursos de formación, talleres y eventos que aporten conocimientos y habilidades a los vendedores. Invertir en desarrollo profesional fortalece al equipo y lo prepara para afrontar retos cada vez mayores.

Fomentar la colaboración y el intercambio de conocimientos: el trabajo en equipo es esencial para una cultura de excelencia. El líder debe fomentar la colaboración entre los vendedores, promoviendo el intercambio de conocimientos y experiencias. La colaboración fortalece al equipo, permitiendo que cada miembro aporte sus habilidades únicas.

Valorar la retroalimentación y la mejora continua: una cultura de excelencia adopta la retroalimentación como una valiosa herramienta para la mejora continua. El líder debe fomentar la práctica del feedback constructivo, animando a los vendedores a reflexionar sobre su rendimiento e identificar oportunidades de mejora.

Reconocer y celebrar los logros: el reconocimiento es un elemento clave para fortalecer una cultura de excelencia. El líder debe valorar los logros individuales y colectivos, celebrando los esfuerzos y los resultados obtenidos. El reconocimiento público anima a los vendedores a persistir en su búsqueda de la excelencia.

Estimular la creatividad y la innovación: una cultura de excelencia fomenta la creatividad y la búsqueda de soluciones innovadoras. El líder debe animar a los vendedores a pensar de forma creativa, buscando enfoques diferenciados y estrategias innovadoras para captar clientes y superar retos.

Mantener el foco en la satisfacción del cliente: la excelencia en ventas está directamente relacionada con la satisfacción del cliente. El líder debe animar al equipo a centrarse en el cliente, comprendiendo sus necesidades y ofreciendo soluciones que superen sus expectativas. Una cultura centrada en la satisfacción del cliente refuerza el compromiso del equipo con la excelencia en todas las interacciones.

Permanecer flexible y adaptable: una cultura de excelencia no es estática; debe ser flexible y adaptable a los cambios del mercado y a las necesidades del cliente. El líder debe animar al equipo a adaptarse rápidamente a los cambios en el panorama de ventas, buscando oportunidades y actuando con rapidez para diferenciarse de la competencia.

Ver los retos como oportunidades de crecimiento: en una cultura de excelencia, los retos se ven como oportunidades de crecimiento. El líder debe ayudar a los vendedores a afrontar los obstáculos con determinación, aprendiendo de la adversidad y buscando soluciones para mejorar aún más sus resultados.

Cultivar el orgullo de pertenencia al equipo: una cultura de excelencia hace que los vendedores se sientan orgullosos de formar parte del equipo. El líder debe crear un entorno positivo y acogedor en el que los vendedores se sientan valorados y motivados para contribuir al éxito del equipo. Un sentimiento de pertenencia fortalece el compromiso del equipo y refuerza la dedicación a la excelencia.

Crear una cultura de excelencia en ventas es un proceso continuo que implica definir una visión inspiradora, contratar al talento adecuado, establecer objetivos desafiantes, fomentar el aprendizaje continuo y la colaboración, valorar la retroalimentación y el reconocimiento, estimular la creatividad y la innovación, mantener el foco en la satisfacción del cliente y ser adaptable a los cambios del mercado. Una cultura de la excelencia empodera al personal, inspirándole a actuar como verdaderos héroes de las ventas, logrando resultados extraordinarios y triunfando constantemente. Al cultivar una cultura de la excelencia, el líder crea un entorno propicio para el crecimiento profesional y personal de los vendedores, construyendo un equipo unido y altamente motivado para afrontar cualquier reto con determinación, pasión y excelencia.

EL HÉROE DE VENTAS DEL FUTURO

El panorama de las ventas evoluciona constantemente, impulsado por los avances tecnológicos, los cambios en las preferencias de los consumidores y las nuevas tendencias del mercado. En este capítulo, exploraremos el perfil del "héroe de ventas del futuro", que se adapta a los cambios del mundo moderno y utiliza las herramientas disponibles para destacar como un auténtico campeón de ventas. Mediante habilidades, mentalidad y estrategias innovadoras, el héroe de ventas del futuro se convierte en un agente del cambio y del éxito en un mercado cada vez más competitivo.

Mentalidad de crecimiento: el héroe de ventas del futuro adopta una mentalidad de crecimiento, buscando siempre aprender y desarrollarse. Está abierto a nuevas ideas, tecnologías y tendencias, y busca constantemente mejorar sus habilidades y conocimientos para seguir siendo relevante en un entorno dinámico.

Inteligencia emocional como elemento diferenciador: en un mundo cada vez más conectado, la inteligencia emocional se convierte en un elemento diferenciador competitivo para el Héroe de Ventas del Futuro. Comprenden la importancia de desarrollar la empatía, entender las emociones de los clientes y compañeros de equipo, y utilizar esta habilidad para crear conexiones genuinas y duraderas.

Dominio de las tecnologías emergentes: el Héroe de Ventas del Futuro entiende que la tecnología es un poderoso aliado en sus ventas. Dominan las herramientas de automatización, el análisis de datos, la inteligencia artificial y otras tecnologías emergentes para mejorar su eficiencia y precisión a la hora de identificar oportunidades y satisfacer las necesidades de los clientes.

La personalización como estrategia: en un mercado cada vez más personalizado, el héroe de ventas del futuro sabe que el enfoque de "talla única" ya no es suficiente. Utiliza datos e información para comprender las preferencias y necesidades individuales de cada cliente, creando experiencias personalizadas e impactantes.

Sostenibilidad y responsabilidad social: el héroe de ventas del futuro comprende la importancia de la sostenibilidad y la responsabilidad social en los negocios. Buscan alianzas con empresas alineadas con valores éticos y medioambientales, y utilizan prácticas sostenibles para ganarse la confianza de los clientes y forjarse una sólida reputación.

Colaboración y trabajo en red: el héroe de ventas del futuro sabe que el trabajo en equipo y la colaboración son fundamentales para el éxito. Buscan asociaciones estratégicas, intercambian conocimientos y comparten las mejores prácticas con colegas de otras áreas, creando una red de apoyo y sinergia para lograr resultados aún más impactantes.

Adaptabilidad y resistencia: en un mundo volátil e incierto, la adaptabilidad y la resistencia son esenciales para el héroe de ventas del futuro. Afronta el cambio con valentía y flexibilidad, aprendiendo de la adversidad y encontrando oportunidades en medio de los retos.

Espíritu emprendedor e innovación: el héroe de ventas del futuro es un emprendedor, capaz de identificar oportunidades de negocio e innovar en sus planteamientos. Está dispuesto a experimentar con nuevas estrategias y a asumir riesgos calculados para alcanzar el éxito.

Centrarse en la experiencia del cliente: el héroe de ventas del futuro entiende que la experiencia del cliente es la clave de la fidelidad y del boca a boca positivo. Busca constantemente superar las expectativas del cliente ofreciéndole un servicio personalizado, ágil y agradable.

Visión a largo plazo: el héroe de ventas del futuro tiene una visión a largo plazo, buscando construir relaciones duraderas y sostenibles con los clientes. Entienden que la lealtad del cliente se gana con el tiempo a través de un servicio consistente y genuino.

El héroe de ventas del futuro es un profesional adaptable, innovador y orientado al cliente. Utilizan tecnologías emergentes, inteligencia emocional y estrategias personalizadas para destacar en un mercado cada vez más competitivo. Además, comprenden la importancia de la responsabilidad social, la colaboración y la sostenibilidad en los negocios. Con su mentalidad de crecimiento, su enfoque en la experiencia del cliente y su visión a largo plazo, el héroe de ventas del futuro se convierte en un protagonista de éxito en el mundo de las ventas, inspirando e impactando positivamente en todos los que le rodean.

Vislumbrar el infinito potencial de crecimiento profesional y personal

En el mundo de las ventas, como en la vida, el potencial de crecimiento es ilimitado. En este capítulo, nos adentraremos en el viaje del héroe de las ventas en busca de su pleno desarrollo, tanto profesional como personal. Al vislumbrar el infinito potencial que habita en el interior de cada vendedor, descubriremos poderosas estrategias y mentalidades que les impulsan a alcanzar cotas cada vez más altas, transformándoles en verdaderos protagonistas de sus vidas y carreras.

Creer en el potencial interior: el punto de partida para vislumbrar el potencial infinito es creer en el poder interior. El héroe de ventas reconoce que tiene talentos y habilidades únicos, y comprende que el crecimiento empieza por creer en uno mismo. Aprende a acallar las voces negativas, a superar la autocrítica y a cultivar una sólida confianza en sí mismo, alimentando una mentalidad de éxito.

Establecer objetivos audaces: el héroe de las ventas entiende que el crecimiento es un viaje continuo y emocionante. Se fijan objetivos audaces y desafiantes que les animan a ir más allá de sus límites y a explorar todo su potencial. Cada objetivo alcanzado se celebra como un paso hacia el crecimiento personal y profesional.

Persistencia y resiliencia: en el camino hacia el crecimiento infinito, el héroe de las ventas se encuentra con obstáculos y desafíos. La persistencia y la resiliencia son sus aliadas en este viaje. Aprenden a convertir la adversidad en oportunidades de aprendizaje, manteniéndose firmes ante las dificultades y encontrando la fuerza para seguir avanzando.

Búsqueda constante de conocimientos: el conocimiento es un poderoso combustible para el crecimiento. El héroe de las ventas busca constantemente nuevos conocimientos, ya sea a través de libros, cursos, tutorías o experiencias prácticas. Entienden que el aprendizaje es una puerta para expandir su potencial.

Aceptar el cambio y la innovación: el potencial infinito está intrínsecamente ligado a la capacidad de aceptar el cambio y la innovación. El héroe de las ventas permanece abierto a nuevas ideas, tendencias y tecnologías, comprendiendo que la adaptación es esencial para el crecimiento continuo.

Aprender del fracaso: el fracaso es una valiosa oportunidad de aprendizaje en el camino hacia el crecimiento. El héroe de las ventas no teme el fracaso; lo ve como un peldaño hacia el éxito. Aprende de sus errores, corrige el rumbo y utiliza estas experiencias para hacerse más fuerte y resistente.

Cultivar relaciones significativas: las relaciones significativas impulsan el crecimiento profesional y personal. El héroe de las ventas valora las conexiones con colegas, mentores, clientes y familiares. Estas relaciones le fortalecen proporcionándole apoyo, orientación e inspiración en su viaje de crecimiento.

Gestionar el tiempo con inteligencia: el potencial infinito sólo puede realizarse con una gestión inteligente del tiempo. El héroe de las ventas prioriza sus actividades, estableciendo una rutina productiva que le permite invertir en su desarrollo profesional y personal.

Desafiar la zona de confort: el crecimiento está más allá de los límites de la zona de confort. El héroe de las ventas está dispuesto a enfrentarse a la incomodidad y a probar nuevas situaciones. Entienden que el crecimiento se produce fuera de la zona de confort.

Cultivar la gratitud: la gratitud es una fuerza poderosa que impulsa el crecimiento del héroe de las ventas. Reconoce y agradece las oportunidades, los logros y las lecciones aprendidas en su vida y en su carrera. La gratitud amplifica su positividad y motivación para lograr aún más.

Al vislumbrar el infinito potencial de crecimiento profesional y personal, el héroe de las ventas trasciende las limitaciones impuestas por el pasado y despliega sus alas para volar hacia un futuro de posibilidades inexploradas. Entiende que el viaje del crecimiento es continuo, y que cada paso dado es un logro significativo en su incesante búsqueda de la excelencia. Cada victoria, cada experiencia de aprendizaje y cada evolución son ladrillos que construyen el camino hacia el pináculo de su potencial, transformándolo en un inspirador protagonista de su propia historia.

Abrazar el viaje continuo de autodescubrimiento y mejora

En el mundo de las ventas, el camino hacia el éxito está marcado por una búsqueda incesante de autodescubrimiento y mejora. En este capítulo, exploraremos la importancia de abrazar este viaje continuo, profundizando en nuestro interior para comprender nuestras motivaciones, valores y pasiones. Al conocernos mejor, descubrimos nuestros puntos fuertes y áreas de desarrollo, impulsando nuestro crecimiento profesional y personal. El viaje de autodescubrimiento y mejora es una invitación a desbloquear nuestros potenciales más profundos y convertirnos en los héroes de nuestra propia historia.

Autoconocimiento (la base del crecimiento): el viaje de autodescubrimiento comienza con el autoconocimiento. El héroe de ventas busca mirar dentro de sí mismo con honestidad y autenticidad, reconociendo sus virtudes, talentos, miedos y limitaciones. Comprender quiénes somos y cómo nos relacionamos con el mundo es la base para construir un viaje de crecimiento significativo.

Despertar la conciencia de uno mismo y de los demás: al abrazar el viaje continuo de autodescubrimiento, el héroe de ventas también desarrolla la conciencia de los demás. Intenta comprender las necesidades, los deseos y las perspectivas de los clientes, los colegas y otras personas implicadas en su carrera. Esta capacidad de empatía refuerza sus relaciones interpersonales y repercute positivamente en sus ventas.

Aceptar el proceso de aprendizaje: el héroe de las ventas entiende que el crecimiento es un proceso de aprendizaje continuo. Aceptan los retos como oportunidades de aprendizaje y ven los errores como peldaños. Con cada experiencia, buscan aprender y mejorar, manteniendo una actitud humilde hacia el conocimiento.

Flexibilidad y adaptación: en su viaje de autodescubrimiento, el héroe de las ventas cultiva la flexibilidad y la capacidad de adaptación. Reconocen que el cambio es inevitable y están dispuestos a ajustar sus estrategias y enfoques según sea necesario. La flexibilidad les permite fluir con los cambios del mercado y crecer con ellos.

Definir los valores y el propósito: para ser un verdadero protagonista de su viaje, el héroe de las ventas define sus valores y su propósito. Comprenden que definir claramente sus principios rectores les guiará a la hora de tomar decisiones difíciles, y que tener un propósito bien establecido les mantendrá motivados y comprometidos con sus objetivos.

Aprender de la autorreflexión: la autorreflexión es un poderoso aliado en el viaje del autodescubrimiento. El héroe de las ventas se toma el tiempo necesario para observar y analizar sus acciones, comportamientos y resultados. Esta práctica le permite identificar puntos de mejora y celebrar sus logros, impulsándole a alcanzar un rendimiento aún más excepcional.

Abandonar la zona de confort: para explotar plenamente el potencial de crecimiento, el héroe de ventas debe estar dispuesto a abandonar la zona de confort. Abrazan lo desconocido y afrontan sus miedos, sabiendo que es fuera de la zona de confort donde se produce el verdadero crecimiento y la innovación.

Desarrollar la resiliencia: el viaje de autodescubrimiento no siempre es fácil. El héroe de las ventas desarrolla la resiliencia para afrontar las adversidades y los retos que se le presentan. Encuentra la fuerza para superar las dificultades, aprender de ellas y seguir adelante con determinación.

Buscar el equilibrio: en la búsqueda del autodescubrimiento y la mejora, el héroe de las ventas también comprende la importancia de equilibrar la vida personal y profesional. Se esfuerza por conciliar sus responsabilidades y encontrar tiempo para cuidar de sí mismo y de sus relaciones interpersonales.

Celebrar el viaje: el viaje de autodescubrimiento y mejora es un viaje de crecimiento y transformación constantes. El héroe de las ventas celebra cada paso que da hacia su desarrollo personal y profesional. Reconoce que, cada día, se convierte en un ser humano más completo capaz de alcanzar sus objetivos.

Al abrazar el viaje continuo de autodescubrimiento y mejora, el héroe de las ventas se embarca en un camino de crecimiento profundo y significativo. Toma conciencia de su potencial infinito, desarrolla habilidades esenciales y utiliza su autoconocimiento para crear conexiones genuinas con clientes y colegas. El viaje es transformador y revela el verdadero héroe que hay en cada uno de nosotros. En este capítulo, animamos al héroe de ventas a comprometerse con este viaje continuo, permitiéndose descubrir las capas más profundas de sí mismo y convirtiéndose en el protagonista de una historia de éxito, crecimiento y logros.

HERRAMIENTAS PRÁCTICAS DEL HÉROE DE VENTAS

En este apéndice, hemos reunido un conjunto de herramientas prácticas para que el héroe de las ventas pueda mejorar sus habilidades y aumentar aún más su rendimiento en el mundo de las ventas. Estas herramientas están diseñadas para ser aplicadas a diario, ayudándole a conseguir resultados excepcionales y a destacar como un auténtico protagonista en sus negociaciones. Desde técnicas de persuasión hasta estrategias de gestión del tiempo, cada herramienta está diseñada para que el héroe de las ventas afronte los retos y alcance el éxito de forma coherente e inspiradora.

Guión de aproximación personalizado: un guión de aproximación bien elaborado es una de las herramientas más poderosas del héroe de ventas. Crea una guía personalizada para iniciar conversaciones con clientes potenciales, garantizando que cada interacción sea relevante, atractiva y eficaz. El guión debe ser adaptable, para que el héroe de ventas pueda ajustarlo según el perfil del cliente y la naturaleza de la negociación.

Técnicas de escucha activa: la escucha activa es una habilidad fundamental para el héroe de ventas. Consiste en escuchar al cliente con total atención, comprendiendo sus necesidades, deseos y preocupaciones. Mediante el uso de técnicas de escucha activa, el héroe de ventas muestra empatía, se gana la confianza del cliente e identifica oportunidades para ofrecer soluciones personalizadas.

Matriz de objeciones y respuestas: el héroe de ventas anticipa las objeciones comunes que pueden surgir durante el proceso de venta y crea una matriz de respuestas asertivas y persuasivas. Esta herramienta le permite estar preparado para sortear las objeciones y ofrecer argumentos convincentes para convencer al cliente de que tome decisiones favorables.

Plan de seguimiento del cliente: un plan de seguimiento estructurado es esencial para mantener una relación duradera con los clientes. El héroe de ventas crea un calendario de contactos e interacciones que garantiza que no se pasa por alto a ningún cliente y que siempre se está ahí para satisfacer sus necesidades.

Calendario de autodesarrollo: para el héroe de ventas, el autodesarrollo es una prioridad constante. Crea un calendario para dedicar regularmente tiempo al aprendizaje, ya sea leyendo libros, asistiendo a cursos o a formación. Este calendario es esencial para mejorar constantemente sus habilidades y conocimientos.

Estrategias posventa: la relación con el cliente no termina después de la venta. El héroe de ventas desarrolla estrategias posventa para fomentar el compromiso continuo y las opiniones de los clientes. Estas estrategias incluyen la recopilación de testimonios y reseñas, así como la oferta de asistencia continua para garantizar la satisfacción del cliente.

Plan de gestión del tiempo: la gestión eficaz del tiempo es una herramienta indispensable para el héroe de ventas. Crea un plan detallado para priorizar las tareas, establecer objetivos diarios y asegurarse de que cada minuto se utiliza de forma productiva. El plan de gestión del tiempo le permite centrarse en las actividades que generan resultados significativos en sus ventas.

Redes estratégicas: el héroe de las ventas comprende el valor de las redes y crea una red estratégica de contactos. Asiste a eventos del sector, se asocia con otros profesionales y participa en grupos de debate relevantes. Las redes estratégicas amplían sus oportunidades de negocio y le mantienen conectado al mercado.

Indicadores de rendimiento: para hacer un seguimiento de sus progresos y resultados, el héroe de las ventas utiliza indicadores de rendimiento específicos. Estos indicadores incluyen objetivos de ventas, tasa de conversión, ticket medio y otros KPI relevantes. Mediante el seguimiento de estos indicadores, puede identificar áreas de mejora y celebrar sus logros.

Mentalidad de crecimiento: la mentalidad de crecimiento es la base para aplicar todas las herramientas del héroe de ventas. Cultivan una mentalidad positiva y resistente, y ven los retos como oportunidades para aprender y crecer. Esta mentalidad impulsa su motivación, determinación y capacidad para lograr resultados excepcionales.

Al utilizar estas herramientas prácticas del héroe de ventas, el profesional se convierte en un maestro de ventas, capaz de enfrentarse a los retos del mercado con confianza y excelencia. Cada herramienta es un valioso recurso para perfeccionar sus habilidades, desarrollar relaciones genuinas y destacar como un verdadero líder de ventas. El héroe de las ventas comprende que, con las herramientas adecuadas en la mano, está preparado para alcanzar el éxito de forma constante, convirtiéndose en un agente de cambio e inspiración en su trayectoria profesional. Aplique estas herramientas con dedicación y compromiso y conviértase en un auténtico héroe de ventas, preparado para afrontar cualquier reto y lograr resultados extraordinarios.

Lista de comprobación para un discurso de ventas convincente

Un discurso de ventas impactante es el arma secreta del héroe de ventas para captar la atención, despertar el interés y cerrar tratos de forma persuasiva. En este capítulo, presentamos una lista de comprobación exhaustiva para que el héroe de ventas cree y mejore su discurso de ventas, garantizando que sea atractivo, persuasivo y eficaz. Cada elemento de la lista de comprobación está diseñado para ayudar al héroe de ventas a transmitir su mensaje con claridad, conectando profundamente con los clientes e inspirándoles a pasar a la acción.

Conozca a su público: antes de crear un discurso de ventas, el héroe de ventas debe conocer a fondo a su público objetivo. Investigar y comprender las necesidades, deseos, dolores y aspiraciones de los clientes potenciales. Cuanto más personalizado sea el discurso, mayor será la conexión con la audiencia.

Definir el objetivo: el discurso de ventas debe tener un objetivo claro y específico. El héroe de ventas debe decidir qué acción quiere que realice el cliente después de escuchar el discurso, ya sea cerrar una venta, concertar una reunión o hacer una demostración.

Empezar con un gancho potente: captar la atención del público desde el principio con un gancho potente. Puede ser una pregunta intrigante, una estadística impactante o una historia atractiva que despierte el interés y mantenga la atención del oyente.

Contar una historia: las historias tienen el poder de emocionar, inspirar y conectar. El héroe de ventas puede incorporar historias relevantes y atractivas a su discurso para ilustrar el valor del producto o servicio ofrecido y crear una conexión emocional con el cliente.

Destaque los beneficios: haga hincapié en los beneficios del producto o servicio, centrándose en los resultados positivos que el cliente obtendrá al comprarlo. El héroe de ventas debe destacar cómo su producto o servicio resolverá problemas y satisfará las necesidades del cliente.

Presente pruebas sociales: las pruebas sociales, como testimonios de clientes satisfechos, reseñas positivas e historias de éxito, son poderosas para generar la confianza del cliente en lo que se ofrece. Utilice estas pruebas para respaldar las afirmaciones que haga en su discurso.

Utilice un lenguaje persuasivo: elija palabras y frases persuasivas que despierten el interés y animen al cliente a actuar. Utilice términos como "exclusivo", "beneficio inmediato", "garantía de satisfacción" para crear una sensación de urgencia e importancia.

Mostrar empatía: muestre empatía al abordar las preocupaciones y objeciones del cliente. El héroe de ventas debe escuchar atentamente y responder con comprensión, asegurándose de que el cliente se sienta valorado y respetado.

Ofrecer soluciones a medida: personalizar el discurso para satisfacer las necesidades específicas de cada cliente. Demostrar que el héroe de ventas comprende las demandas individuales y está dispuesto a ofrecer soluciones a medida.

Hacer una llamada a la acción: terminar el discurso con una llamada a la acción clara y convincente. El héroe de ventas debe orientar al cliente sobre el siguiente paso que debe dar, ya sea rellenar un formulario, concertar una demostración o realizar una compra.

Practicar, practicar y practicar: la práctica es esencial para mejorar el discurso de ventas. El héroe de ventas debe practicar su discurso varias veces, ya sea a solas, con compañeros de equipo o frente a un espejo, hasta que fluya con naturalidad y transmita confianza.

Pide opiniones: pide opiniones sobre tu discurso de ventas a tus compañeros de equipo o mentores. Pueden ofrecerte ideas valiosas y ayudarte a identificar áreas de mejora.

Adaptarse a los comentarios: estar abierto a sugerencias y comentarios constructivos. El héroe de ventas debe estar dispuesto a hacer ajustes en el discurso para que resulte más impactante y persuasivo.

Mantener la autenticidad: el discurso de ventas debe reflejar la personalidad y los valores del héroe de ventas. Es importante ser auténtico y genuino al presentar el producto o servicio a los clientes.

Siguiendo esta lista de comprobación, el héroe de ventas estará preparado para crear un discurso de ventas poderoso y eficaz, capaz de ganarse la confianza del cliente, superar las objeciones e impulsar el éxito en las negociaciones. Recuerde que la práctica constante y la búsqueda continua de la excelencia son fundamentales para mejorar el discurso a lo largo del tiempo. Con dedicación, empatía y un enfoque personalizado, el héroe de ventas inspira a los clientes y consigue resultados extraordinarios en su viaje por el mundo de las ventas.

Ejercicios para reforzar la mentalidad heroica

La mentalidad heroica es la base del éxito y el crecimiento continuo del Héroe de Ventas. En este capítulo, presentaremos una serie de poderosos ejercicios que han sido diseñados para fortalecer la mentalidad heroica, aumentando la confianza, la resistencia y la determinación del profesional de ventas. Estos ejercicios pueden incorporarse a la rutina diaria del héroe de ventas, permitiéndole afrontar los retos con valentía y lograr resultados excepcionales.

Diario de gratitud: crear el hábito de llevar un diario de gratitud, en el que el Héroe de Ventas anote al menos tres cosas por las que está agradecido cada día. Esta sencilla práctica ayuda a cultivar una mentalidad positiva, centrándose en lo que funciona y en lo que se valora.

Visualización de objetivos: tómate unos minutos cada día para visualizar la consecución de tus objetivos de ventas. Imagínese cerrando tratos, satisfaciendo las necesidades de los clientes y superando los objetivos. La visualización le ayuda a reforzar su confianza en su propia capacidad para tener éxito.

Afirmaciones positivas: cree afirmaciones positivas y poderosas relacionadas con el rendimiento de las ventas. Repita estas afirmaciones a diario, por ejemplo "Soy un héroe de las ventas, capaz de conseguir grandes acuerdos y relaciones duraderas".

Desafíate a ti mismo con regularidad: para reforzar la mentalidad heroica, es esencial enfrentarse a retos que lleven al héroe de ventas más allá de su zona de confort. Fíjese objetivos ambiciosos y vaya a por ellos, aunque ello implique asumir riesgos calculados.

Reformule los fracasos: en lugar de ver los fracasos como derrotas, véalos como oportunidades para aprender y crecer. Analice las lecciones que pueden extraerse de cada experiencia y aplique estos conocimientos para mejorar futuros planteamientos.

Busque un mentor: Busque un mentor o colega con experiencia que pueda ofrecerle orientación y apoyo en su viaje. Intercambiar ideas con alguien que haya pasado por retos similares puede ser muy valioso para el crecimiento personal y profesional.

Leer libros de inspiración: leer libros de inspiración y motivación puede alimentar la mentalidad heroica. Busque libros de autores que compartan historias de superación y éxito en el mundo de las ventas.

Haga meditación y ejercicios de respiración: practique meditación y ejercicios de respiración para calmar la mente, reducir el estrés y aumentar la claridad mental. Esto ayuda al héroe de las ventas a mantenerse centrado en el presente y a tomar decisiones conscientes.

Aprenda de la adversidad: en lugar de sentirse derrotado ante los retos, intente aprender de la adversidad. Analice lo que funcionó y lo que no, identificando oportunidades de mejora.

Mantente conectado: comparte tus experiencias con otros vendedores y participa en grupos de debate o foros en línea. Intercambiar ideas y conectar con colegas de profesión es valioso para enriquecer la mentalidad de héroe.

Celebre sus logros: cuando alcance objetivos y éxitos de ventas, celebre sus logros. Reconozca sus esfuerzos y prémiese por cada victoria, por pequeña que sea.

Practica la autocompasión: permítete cometer errores y reconoce que nadie es perfecto. Practique la autocompasión y sea amable consigo mismo en los momentos difíciles.

Desarrolle la resiliencia: refuerce su resiliencia cuando se enfrente a contratiempos. Véalos como oportunidades de aprendizaje y utilícelos como trampolín para crecer.

Evalúe con regularidad: revise periódicamente sus objetivos y progresos. Haga una evaluación honesta de su rendimiento e identifique áreas de mejora.

Al incorporar estos ejercicios a la rutina, el vendedor heroico se fortalece emocional y psicológicamente, preparándose para afrontar los retos y alcanzar el éxito en las ventas. La mentalidad heroica es una fuente inagotable de inspiración y motivación para superar obstáculos y alcanzar metas cada vez más audaces. Al adoptar esta mentalidad, el vendedor heroico se encamina hacia un crecimiento personal y profesional continuo, convirtiéndose en un auténtico líder en el mundo de las ventas e inspirando a otros a seguir su ejemplo.

REGINALDO OSNILDO

Soy Reginaldo Osnildo, su experto en estrategia de comunicación y mentor en el camino hacia el éxito digital.

Con una carrera enraizada en la academia, como profesor e investigador en la Universidad del Sur de Santa Catarina, y una carrera práctica como estratega en el Grupo Catarinense de Rádios, he desarrollado un conjunto único de habilidades. Mi doctorado especializado en narrativas de ventas y convergencia digital, junto con mi máster centrado en storytelling e imaginería social, me permiten crear estrategias que transforman las empresas.

¿Qué ofrezco?

- Estrategias de comunicación personalizadas que resuenen con tu público objetivo.

- Técnicas avanzadas de storytelling para fortalecer tu marca.

- Conocimientos actualizados de las tendencias digitales para mantener a su empresa a la vanguardia.

Ahora, imagine a su empresa estableciendo una presencia auténtica y poderosa en el mercado, logrando resultados que nunca creyó posibles. Estoy aquí para hacerlo realidad.

Ahora es el momento de actuar. El mundo digital no espera. Cada día es una nueva oportunidad para avanzar, para destacar. ¿Estás preparado para llevar a tu empresa a lo más alto? No deje escapar esta oportunidad.

Póngase en contacto conmigo y allanemos juntos el camino hacia el éxito digital. Estoy a una llamada o un correo electrónico de distancia.

Atentamente

Reginaldo Osnildo, PhD.

+55 48 991913865

reginaldoosnildo@gmail.com